连接课

与中小学学科课程并重的一门课

[美]

道格·莱莫夫　Doug Lemov

希拉里·刘易斯　Hilary Lewis

达瑞尔·威廉姆斯　Darryl Williams

德纳留斯·弗雷泽　Denarius Frazier

著

感谢我们所有的同事们，在这个前所未有的时期为了学生们付出了这么多。

RECONNECT

Building School Culture for Meaning, Purpose, and Belonging

中国青年出版社

图书在版编目（CIP）数据

连接课：与中小学学科课程并重的一门课 /（美）道格·莱莫夫等著；曾钰文译.
—北京：中国青年出版社，2023.11
书名原文：Reconnect: Building School Culture for Meaning, Purpose, and Belonging
ISBN 978-7-5153-7061-3

Ⅰ.①连… Ⅱ.①道… ②曾… Ⅲ.①中小学—课程—教学研究—美国 Ⅳ.①G632.3

中国国家版本馆CIP数据核字（2023）第197120号

连接课：与中小学学科课程并重的一门课

作　　者：[美] 道格·莱莫夫　希拉里·刘易斯
　　　　　达瑞尔·威廉姆斯　德纳留斯·弗雷泽
译　　者：曾钰文
责任编辑：肖妩嫔
文字编辑：吴亦煊
美术编辑：杜雨萃
出　　版：中国青年出版社
发　　行：北京中青文文化传媒有限公司
电　　话：010-65511272 / 65516873
公司网址：www.cyb.com.cn
购书网址：zqwts.tmall.com
印　　刷：大厂回族自治县益利印刷有限公司
版　　次：2023年11月第1版
印　　次：2023年11月第1次印刷
开　　本：787mm×1092mm　　1/16
字　　数：188千字
印　　张：16
京权图字：01-2022-6543
书　　号：ISBN 978-7-5153-7061-3
定　　价：49.90元

版权声明

目录

Contents

关于作者

道格·莱莫夫是"像冠军一样教学"团队的创始人和首席知识官，该团队基于对高绩效教师的研究来设计和实施教师培训。他曾是非凡学校（Uncommon Schools）的经营主管。

希拉里·刘易斯是"像冠军一样教学"团队中咨询与合作部门的高级主管。希拉里把她对教育的热爱归功于她的第一位也是最好的老师——她的母亲。

达瑞尔·威廉姆斯是"像冠军一样教学"团队的首席执行官。他此前曾担任休斯敦独立学区学校领导办公室的首席执行官，"成就第一"（Achievement First）特许学校联盟的地区主管，他也是纽约州奥尔巴尼的一名校长和教师。

德纳留斯·弗雷泽是纽约布鲁克林非凡大学特许高中（Uncommon Collegiate Charter High School）的校长，也是"像冠军一样教学"团队中咨询与合作部门的高级顾问。

致谢

Acknowledgments

在写这本书的过程中，我们很大程度上依靠了他人的支持和智慧。这包括"像冠军一样教学"团队的成员，以及我们在世界各地的合作伙伴。今天的教育发展到了一个前所未有的阶段，而他们谦逊地把他们的学校和教室向我们的团队开放，让我们学习。虽然国家（美国）正在经历危机，我们许多同事依旧从他们非常忙碌的工作中抽出时间，尽力经营着最好的学校和课堂，并讨论他们所经历的事情与挑战。这些人包括大卫·亚当斯、珍·布里明、埃里克·戴蒙、萨曼莎·伊顿、查理·弗里德曼、史黛西·贝兹·哈维、乔迪·琼斯、里安农·刘易斯·德菲奥、肖恩·曼加尔、伊沙尼·梅塔、拉格拉·纽曼、丽贝卡·奥利瓦雷兹、艾迪·兰格尔、以利沙·罗伯茨和比尔·斯皮尔。

此外，几位同事阅读了本书的部分草稿，并提供了有见地的、常常是十分宝贵的反馈。他们包括罗伯特·庞迪思奥、拉斯·罗伯茨、特雷西·席拉和艾丽卡·伍尔韦。我们非常感谢约翰·威利父子出版公司的团队在这本书的想法发展过程中的灵活应变和他们在整个写作过程中的知识。特别值得一提的是艾米·范德里和皮特·高恩。雷夫·萨加林一如既往地，就像他曾经帮助"像冠军一样教学"团队的所有书一样，帮助我们稳步地朝着我们需要和想要写的书前进。

我们也想以个人名义表达一下对他人的感激之情。

希拉里感谢她的家人给予她无限的爱和支持，并向她的母亲琳达·刘易斯表达最深切的感谢，她是她的第一位也是最杰出的老师。

达瑞尔要感谢他的家人，特别是他的孩子米娅和小达瑞尔，感谢他们在他奔走各地直接支持和向优秀的教育者学习时表达出的爱、风度和理解。

德纳留斯想要感谢他的学生们，感谢他们多年来教会他的数不清的事；感谢他们一路上的耐心、支持和指导；还有他的家人，感谢他们一直相信他，相信他可以成功。

道格要感谢他的妻子丽莎和他的孩子凯顿、玛雅和维拉，感谢他们的爱、支持、智慧和幽默。

为什么要开设连接课

在连续几年被口罩、隔离和远程教学的大规模实验打断后，教育工作者终于回到学校，却发现教室和学生都变了。

在回归的最初几天，也许我们没有完全看清这一点。是的，我们大多数人都认识到教育差距会越来越大。我们大多数人都明白，从那以后的数据清楚地证明了什么：尽管学校在远程教学方面付出了巨大的努力，但结果是在学习和学术进展上我们遭遇了巨大的挫折，并且这沉重的代价将由最无力负担的人承担，而弥补损失需要数年，而不是数月。但至少我们又在一起了。我们在回去的路上。

然而，随着时间的推移，一个令人不安的事实出现了。

回来的学生长时间远离同伴、活动和社会互动。对许多青少年和他们的老师来说，与世隔绝的时期在情感和心理上都是艰难的。一些人失去了亲人，而另一些人不得不在房子或公寓里忍受数月，因为他们所珍视的一切——网球、田径、戏剧或音乐，更不用说朋友间闲聊和欢笑的时光——都突然从他们的生活中消失了。

即使他们没有经历疫情最严重的时期，大多数人也缺乏日常生活中对于期待、礼节和互谅互让的实践。他们的社交技能下降了。他们看上去都一样，至少我们认为隐藏在口罩后的他们是这样，但有些人似乎很烦恼，很疏离；有些人很难集中注意力，遵从指示；有些人不知道如何与他人相处。他们很容易受挫失望，轻言放弃。当然，不是所有人都这样，但在网上有一个明显的趋势。媒体报道突然间充斥着纪律问题、难以根除的破坏和创新高的学生旷课记录。在本无须担心打架问题的学校里，打架问题突然像丛林大火一样爆发出来。

在我们最需要好的教育的时候，这突然变得非常困难，青少年似乎十分烦恼和焦虑。更别提我们人手不足，人数仅仅能够覆盖所有课堂。最后，新冠疫情后的第一年可能比新冠的那几年更艰难，因为回来的学生已经不是新冠之前的学生了。

但我们认为，即使在当时，情况也比看上去要复杂得多。在学生生活中发生的事情不仅是一次世代罕见的灾难，而是几个大规模的、翻天覆地的趋势的综合影响，它们重塑了学生的生活结构。这些事件在新冠疫情之前就开始了，但它们往往因疫情而加剧。它们的综合效应是显著的，而且可能不完全可逆。我们不能让时光倒流。但它们应该促使我们在未来以不同的方式规划和设计我们的学校和教室——不仅是为了这一两年的"恢复"，而是为了更长期的发展。

在本引言中，我们将研究我们的青少年面临的三个前所未有的问题：1）屏幕时间增加带来的心理健康危机，2）对机构缺乏信任，3）在严重依赖社会契约的机构中平衡个人主义利益与集体努力利益的挑战。我们应该注意到，这本书并不全是悲观的：它的其余部分将专注于解决我们所描述的问题。我们相信解决方案就在那里。但首先，我们必须清醒地认识到我们的立场。

疫情中的流行病

甚至在新冠疫情之前，心理学家珍·特温格（Jean Twenge）就发现青少年的抑郁、焦虑和孤立程度呈螺旋式上升。"我研究心理健康和社会行为已经几十年了，我从来没有见过这样的事情。"特温格在她2017年的书《i世代报告：更包容、没有叛逆期，却也更忧郁不安，且迟迟无法长大的一代》（*iGen: Why Today's Super-Connected Kids Are Growing Up Less Rebellious, More Tolerant, Less Happy—and Completely Unprepared for Adulthood*）中写道。

青少年心理健康状况的这种历史性下降几乎与智能手机和社交媒体的迅速崛起完全吻合，更确切地说，使用社交媒体的人的比例如此之高，这使得任何希望拥有正常社交生活的青少年不再有其他选择，而是必须成为其用户。同时，"点赞"按钮也被添加到社交媒体应用程序中。因此，社交媒体的使用变得更具强迫性，用户也更加依赖社交媒体。

"智能手机的到来彻底改变了青少年生活的方方面面，从社交的性质到心理健康，"特温格和另一位作者乔纳森·海特（Jonathan Haidt）在《纽约时报》上写道，"当每个人都低头看手机时，在食堂或课后很难展开随意的交谈。当每个聚会都被嗡嗡作响、震动的'通知'随机打断时，想要深入交谈就更难了。"他们引用心理学家雪莉·特克尔（Sherry Turkle）的话说道，我们现在"永远在别处"。

到特温格发表《i世代报告》的时候，屏幕媒体的使用在过去十年中翻了一番，不分性别、种族和阶级，从每天一小时增加到每天两小时。

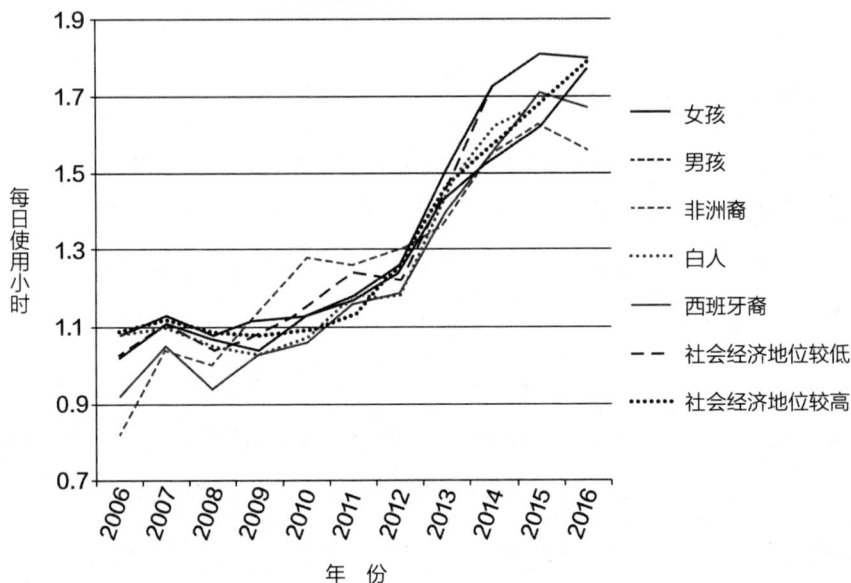

媒体使用趋势

（图中纵轴：每日使用小时，横轴：年份）

图例：
女孩
男孩
非洲裔
白人
西班牙裔
社会经济地位较低
社会经济地位较高

到那时，97%的12年级学生（以及98%的12年级女生）都在使用社交媒体。特温格指出，这是"你能得到的最普遍的体验"。这些数据还早于最新、最令人上瘾的社交媒体应用，比如2016年发布的TikTok[1]，其影响力并没有完全反映在这些数据中。但结果仍然令人担忧。特温格和海特发现，在37个国家中，青少年的孤独感"在2000—2012年期间相对稳定，只有不到18%的人报告高度孤独感"，随着智能手机和社交媒体的激增，这种孤独感突然飙升。他们写道，在2012年之后的六年里，这一数据在"欧洲、拉丁美洲和英语语言国家的比例大致翻了一番"。

这已经成了一种流行病，重塑了青少年生活的方方面面。特温格指出，

---

[1] TikTok：字节跳动旗下的短视频社交平台。

如下图所示，2016年12年级学生与朋友外出的平均频率低于10年前8年级学生的平均频率。他们不是在购物中心闲逛，不是在麦当劳见面，也不是开车去兜风，而是在自己的房间里在社交媒体上互动（或玩游戏，尤其是男孩）。甚至当他们"外出活动"时，他们往往也不完全在场。

无家长外出

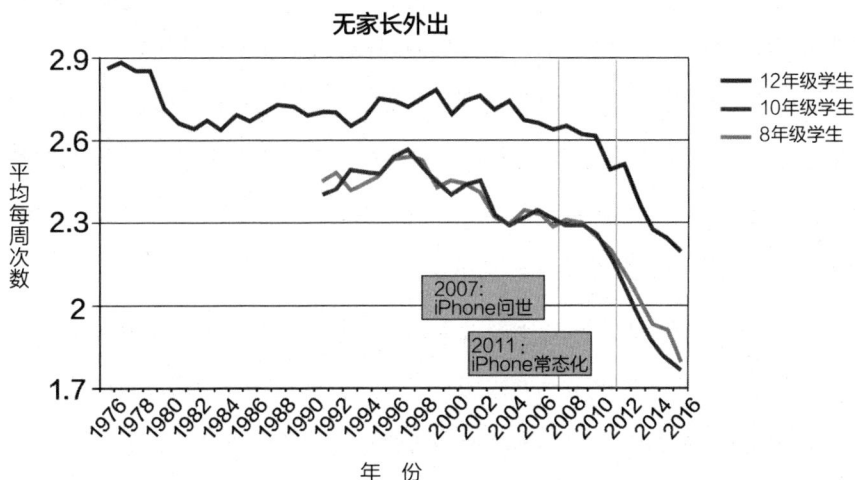

特温格谨慎地指出，青少年倾向于在网上、在房间里而不是面对面进行社交活动，这产生了各种各样的后果——有好有坏。发生过性行为、酗酒或吸毒的人数大大减少了。青少年怀孕率下降到几十年来的最低水平。青少年死于车祸的可能性降低了。但他们没有学到你在公共场合学到的责任感和社交技能——找份工作，做志愿者工作，认识新朋友，学习开车，甚至参加聚会。（顺便说一下，他们没有花更多的时间做作业，这表明认为学生心理健康问题增多的根源是学校课业负担的理论可能是站不住脚的。）而睡眠不足的青少年的比例上升到了前所未有的新高度。最重要的是，抑郁、焦虑、孤独甚至自杀率突然飙升至历史最高水平，这是特温格从未见过的。

　　与此同时，青少年的智力生活也在发生变化。在与手机和社交媒体的竞争中，以阅读为乐趣的想法几乎消失了。在1996年，有一半的青少年经常以阅读为乐趣；到2017年，只有十分之一的青少年在这么做。阅读变成了一种不同的活动。那些阅读的青少年大多不像老一辈人那样阅读——通过深度沉浸在另一个世界中，有持续的同理心建设经验，很少被打扰，时间很长——而是像他们做其他活动时一样：他们的手机在身边，每隔几秒钟就有一个"推送"信息打断他们。他们的内心世界——他们对被困在笼中的鸟儿为何高歌的探索，混合着"卡戴珊姐妹到底发生了什么"以及"老兄，你在哪里？？"我们@（在）拜伦家！"的消息。

　　青少年用虚拟关系取代了社交关系，但代价很高。在社交媒体上进行的虚拟互动的本质是由第三方应用程序创造者设计的，他们的目的不是创造真正的联系，而是依赖。因此，即使是社交媒体上的社会接受度也会出现问题。"点赞"按钮（2009年首次被添加到社交媒体平台上）设计的主要目的在于操纵我们想要建立社交联系的欲望，使我们产生产品成瘾。它创造了"短期的、多巴胺驱动的反馈循环"。得到一个赞向我们传达了社会的认可和包容。这释放了一些大脑化学物质（多巴胺），与其他愉悦活动释放的相同。社交媒体算法确保了这种微小的化学红利是在一个可变的、不可预测的奖励计划中释放的：你不知道什么时候，也不知道是否会得到点赞带来的幸福感。它的时间表是不可预测的，所以你被社会化了，要不断地查看它。这样的反馈链操控了我们对于融入社会的本能渴望，并将其转化为数字货币。对于青少年来说，他们对认可和肯定的需求特别高，这使他们的生活成为一场持续不断的公众人气竞赛。

换句话说，点赞按钮是大脑的"猫薄荷"，但不被喜欢的结果更糟。"过去，如果你在学校被欺负，你就会回到家人身边。你能够摆脱那种消极的环境。你可以是安全的。你可以休息一下。你能够处理好它。现在，如果你在网上被欺负，它就在你的口袋里，在你的房间里，你永远不会自由，你永远不会安全。"罗文大学（Rowan University）心理学家克里斯蒂娜·芬克（Cristina Fink）在最近的一次谈话中指出。

2017年，特温格发现，应对社交媒体和过度使用屏幕的负面影响最可靠的解药是持续的、面对面的社交互动——远离手机，与他人直接接触。最有力的效果往往是在一些小事上：彼此微笑，一起大笑，一起完成一些小的、共享的任务，比如为话剧第三幕第一场遮挡舞台位置。参加体育活动的青少年患焦虑和抑郁的可能性要小得多，因为他们有一段很长的时间要被迫放下手机，而且当他们远离手机时，他们通过建立彼此联系的社会互动来获得平衡。

但参加有组织活动的孩子的数量在下降。到2019年，常识媒体（Common Sense Media）的一份报告发现，青少年平均每天花在屏幕上的时间超过7小时。近三分之二的人每天花在屏幕媒体上的时间超过4小时，几乎30%的人平均每天花8小时看屏幕媒体。

然后在2020年，新冠疫情来袭，所有可能提供这种屏幕时间替代品的东西突然消失了。当青少年不在学校，不在训练，不在购物中心和朋友在一起的时候，他们就在玩手机。常识媒体在2022年3月更新了其调查结果，报告称，在疫情期间，屏幕和社交媒体的使用急剧增加，青少年和少年儿童花在屏幕媒体上的平均时间在本已紧张的基础上增加了一个多小时。8—12岁的青少年平均每天使用屏幕的时间增加到5个半小时，而13—18岁的青少年平均每天使用屏幕的时间超过了8个半小时。低收入家庭受到的打击最严重，父母很可能不得不亲自工作，在孩子屏幕替代品上投入的资源也更少。

在这样的使用水平下，智能手机对青少年健康的影响是灾难性的。"毫不夸张地说，（这一代人）正处于几十年来最严重的心理健康危机的边缘。"特温格写道。

这些问题不仅局限于心理健康。长时间盯着屏幕会降低注意力和专注能力，让人更难完全专注于任何任务，也更难保持这种专注。这不是一件小事。注意力是每项学习任务的核心，学习者注意力的质量决定了学习努力的结果。任务越严格，就越需要专家所说的主动注意力（或选择性注意力）——根据克利夫兰诊所注意力与学习中心临床主任迈克尔·马诺斯（Michael Manos）的说法，主动注意力被定义为"抑制干扰、保持注意力和适当转移注意力的能力"。换句话说，要想学得好，你必须能够对你所关注的事情保持自律。

手机的问题在于，使用手机的青少年每隔几秒钟就会切换任务。更好的说法是，他们练习每隔几秒钟切换一次任务，所以他们更习惯于半集中注意力的状态，更期待每隔几秒钟就有新的刺激。当一个句子或一个问题需要缓慢而专注的分析时，他们的大脑已经在寻找新的、更有趣的东西了。

大脑会根据自身的运作方式不断地自我重组。这一观点被称为神经可塑性，意思是青少年在不断切换半专注的任务上花费的时间越多，他们就越难保持持续高度的专注。一段时间后，习惯于冲动的大脑会重新调整，变得更容易处于那种状态。马诺斯继续说道："如果孩子们的大脑习惯了不断的变化，大脑就会发现很难适应非数字活动，因为那里的事物移动得不那么快。"

虽然我们所有人都有这种风险，但青少年尤其容易受到影响。他们的前额皮质——大脑中负责控制冲动和自我约束的区域——直到25岁才完全发育成熟。2017年，一项研究发现，本科生（大脑比K-12学生更成熟，因此有更强的冲动控制能力）"在线时平均每19秒切换一个新任务"。可以肯定的是，年龄较小的学生能持续的注意力时长更短。

换句话说，只要青少年在屏幕前，他们就处于一个习惯于低注意力状态和不断切换任务的环境中。一开始，当我们使用手机时，手机会分散我们的注意力，但一段时间后，我们的大脑就会为了适应不断被分心的状态而产生新的连接方式。很快，我们的手机就进入了我们的身体。

对机构失去信心

除了对学生生活和社交媒体使用的影响外，疫情还与影响学生、学校和教育者的另一个重要社会趋势重叠，并可能加剧了这一趋势：对机构的信任水平下降。在2020年11月的报告《黑暗时代的民主》（*Democracy in Dark Times*）中，詹姆斯·亨特、卡尔·鲍曼和凯尔·普茨等7位教授描述了"美国所有机构缓慢演变的信誉危机"。（在这项研究和其他研究中）尽管信誉下降最明显的地方是美国政府和媒体，但正如作者所言，对"政府解决问题的能力"的信心下降也影响了公共生活的其他机构，包括学校。

这一长期趋势始于20世纪后半叶，但此后有所加速，表明（美国）公民越来越认为机构是"无能的"和"道德可疑的"。这就造成了一场合法性危机：人们不太可能接受或支持一个他们不信任的机构做出的决定。他们不太可能把自己的时间和精力贡献给它的倡议。当然，所有这些都加大了有效管理这些机构的难度。

到疫情中期，这种不满更加普遍。无论政治立场如何，半数美国人都表示，他们有时"觉得自己在自己的国家像个陌生人"。

我们应该在这里暂停一下来定义"机构"这个词。政治分析人士尤瓦尔·莱文（Yuval Levin）将其定义为"我们一起做事……的持久的形式"。它是一群人围绕一个特定目标，围绕一个理想和实现那个重要目标的方法而被组织起来（的形式）。美国人生活的机构范围很广。一个机构可以是具体的（如学区），也可以是抽象的（如公共教育领域）。

对机构的信心下降直接影响到学校，因为学校本身就是机构。学校不能再指望得到他们所服务的家长的善意和信任。我们可以从数据中清楚地看到这一趋势。例如，皮尤研究中心（Pew Research Center）定期对美国人进行广泛的抽样调查，询问他们对不同机构中特定权威人物的信任程度。例如，在2022年年初，他们发现人们对记者的信心急剧下降。2018年，超过一半的美国人（55%）表示他们"非常"或"相当"信任记者，而44%的人表示"不太信任或完全不信任"。到2022年，这一数字发生了逆转：40%的美国人信任记者，60%的人不信任。在四年的时间里，对该行业的不信任程度上升了50%。对民选官员的信心在本已惨淡的数字基础上也略有下降（或许这些数字的下降空间已经不多了）。

这些都是信任流失最严重的职业，但请注意，调查还特别询问了对公立学校校长的态度。我们也看到了明显的下降。2018年，80%的美国人相当或更多地信任学校校长。只有20%的人表示"不太信任"或更少。2022年，信任数字下降到64%，不信任数字为35%。比例几乎翻了一番。

值得注意的是，在信任下降的大趋势中，数据显示了两个子趋势。首先是大多数家长的怀疑态度逐渐攀升。这需要我们做更多的工作，来让他们看到他们可以相信他们的学校，相信学校有能力做好教育孩子的核心工作。其次还有一种独立的趋势，那就是人们感到彻底的不信任。如果这些家庭的怀疑没得到有效解决，他们很可能会反对学校的政策。

这一点至关重要。学校是依靠社会契约来开展工作的机构。参与者同意接受对自己行为的相对较小的限制，以便在每个人都遵守这些规则时获得更大、更重要的利益。作为一个公民，我承认我不会偷邻居的东西，不管我多么想要。作为回报，我生活在这样一个社会：每个人的财产都是安全的；在这个社会，拥有财产是值得的，因为你能够保住它们；在这个社会，人们发明了值得拥有的东西，因为其他人会重视它们，而他们只有在能够保护它们的情况下才能这么做。想要一个充满活力的企业家经济？那就要先解决产权问题。

学校也依赖于类似的社会契约。作为一名学生，我接受我不会在课堂上大喊大叫，破坏教学，以便其他人可以学习；我受益于这样一个事实，我现在有了一个空间，在那里我可以合理地渴望成为我在生活中梦想成为的人。

作为父母，我接受我的孩子会被要求接受这种社会契约。这就是说，每一所学校的生存或灭亡都取决于人们是否愿意接受这样一种观点：权威不仅不同于威权主义，而且是良性的，实际上是有益的——对社会契约的构建是必要的。只有当参与者信任学校的领导来决定合同的条款时，合同才会生效。而要削弱一项社会契约条款的可行性，甚至不需要多数人的拒绝，一小部分人就够了。

公众对科学家和医学科学家的信心在过去一年中有所下降

美国成年人＿＿＿＿＿＿＿＿（如下程度上）相信以下群体会为公众的最大利益行事的占比情况

● 极大程度上　　　● 相对多的程度上　　　● 不怎么有/完全没有信心

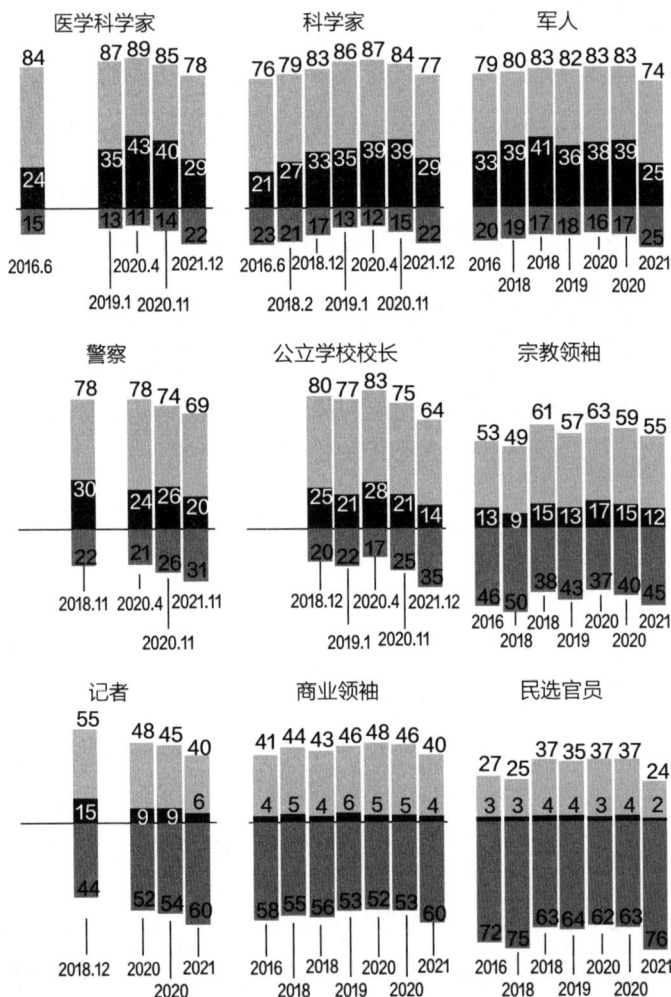

医学科学家

84 / 87 89 85 78
24 / 35 43 40 29
15 / 13 11 14 22
2016.6 / 2020.4 2021.12
2019.1 2020.11

科学家

76 79 83 86 87 84 77
21 / 27 33 35 39 39 29
23 21 / 17 13 12 15 22
2016.6 2018.12 2020.4 2021.12
2018.2 2019.1 2020.11

军人

79 80 83 82 83 83 74
33 39 41 36 38 39 25
20 19 17 18 16 17 25
2016 2018 2020 2021
2018 2019 2020

警察

78 / 78 74 69
30 / 24 26 20
22 / 21 26 31
2018.11 2020.4 2021.11
2020.11

公立学校校长

80 77 83 75 64
25 21 28 21 14
20 22 17 25 35
2018.12 2020.4 2021.12
2019.1 2020.11

宗教领袖

53 49 61 57 63 59 55
13 9 15 13 17 15 12
46 50 38 43 37 40 45
2016 2018 2020 2021
2018 2019 2020

记者

55 / 48 45 40
15 / 9 9 6
44 / 52 54 60
2018.12 2020 2021
2020

商业领袖

41 44 43 46 48 46 40
4 5 4 6 5 5 4
58 55 56 53 52 53 60
2016 2018 2020 2021
2018 2019 2020

民选官员

27 25 37 35 37 37 24
3 3 4 4 4 3 2
72 75 63 64 62 63 76
2016 2018 2020 2021
2018 2019 2020

注：未作答者数据不在此表中。
资料来源：《美国人对科学家和其他群体的信任下降》（*Americans' Trust in Scientists, Other Groups Declines*），调查于2021年11月30日至12月12日进行，皮尤研究中心。

当我们谈论对学校的信任时，有必要再看一个数据。上述皮尤研究中心的数据是针对校长的。人们对他们的学校总体感觉如何？民意调查机构盖洛普自1973年以来一直向美国人提出以下问题："我将向你们宣读一份美国社会机构的清单。请告诉我你自己对每一个有多少信心——很大，相当多，有一些信心或很少。"以下是受访者对公立学校的回答。

盖洛普民意调查：对公立学校的信心

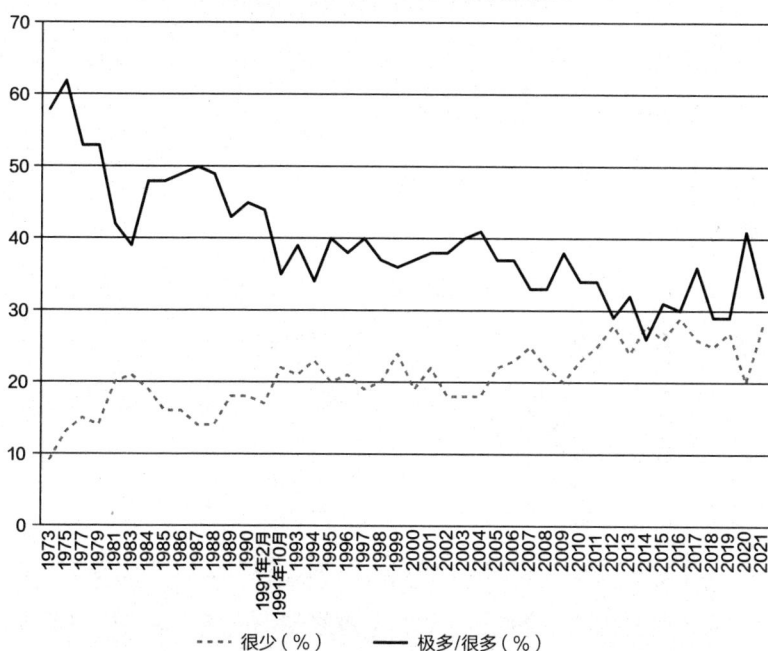

- - - 很少（%）　　—— 极多/很多（%）

长期趋势是明确的。在收集数据的50年里，人们对公立学校的信心一直在稳步地、大范围内地下降。认为"相当有信心"或更有信心的受访者比例下降了一半。即使在21世纪的头十年，这一数字普遍比2021年高出10个百分点。

这一更大的趋势在2020年——我们漫长的新冠疫情期间——被短暂的信誉上升打破。美国人似乎对学校为应对危机所做的努力心存感激，他们的回应也更加宽容和感激。但这种上升只是短暂的蜜月期。数据很快就恢复了。

相反的趋势也很明显。自调查开始以来，对公立学校缺乏信任的受访者的比例几乎增加了两倍。这两条线现在几乎连在一起了。无论是从信任还是不信任开始的，父母的态度已趋于一致。事情很可能会一直这样下去，甚至变得更糟。许多父母在疫情期间的经历——他们对掩盖行为和远程教育的沮丧或愤怒，以及他们让孩子退学的历史比率——不会很快从记忆中消失。这些是我们建立和捍卫一个新的社会契约所面临的艰难条件。学校面临着一个明显的挑战，即它们打算服务的家庭对它们的可靠性、技能和可信赖性缺乏信心。

与此同时，另一个挑战也在隐现。当学校努力在不信任的气氛中运作时，组成包含学校在内的更大的生态系统的机构——宗教机构、文化机构、那些提供体育、音乐和戏剧等项目的机构——也在努力工作将整个社区的青少年联系起来。

对这些机构日益缺乏信任的一个结果是，人们参与这些机构的比例降低了。因此，人们越来越倾向于在网上交流，而不是面对面交流，比如在教堂、活动甚至是社区会议上。青少年越来越不可能从这些机构推断出相互依存和合作的准则。在这些地方，他们更有可能遇到与自己信仰和价值观不一致的人。没有他们，他们就有生活在回音室的风险。在那里，最初的看法很容易被强化，不同意的人会受到诋毁，其动机会受到怀疑。

生活在这种环境中的人很少有理由去挑战或改变他们的想法和看法。乔纳森·海特在《正义之心》（*The Righteous Mind*）一书中的研究清楚地说明了这一点：当他们信任的人表达不同的观点时，人们会改变主意。人们不会因为一个对手严厉地批评或质疑其动机而改变想法或开拓视野。人们会改变主意、调整假设，是因为其在某方面钦佩或欣赏的人持有不同的意见。人们——尤其是青少年——现在越来越不可能与思想或背景与自己不一样的人见面和联系，这一事实意味着文化孤立（可能还有政治两极化）加剧的风险。人们对机构信任度的下降，不仅让学校更难完成使命，还加剧了社交媒体对学生的孤立作用。

个人主义和归属感之间的紧张关系

如今，学生和学校面临的最后一个关键挑战是，美国文化越来越个人主义，这往往是以削弱集体教育和相互义务为代价的。

荷兰社会心理学家吉尔特·霍夫斯塔德（Geert Hofstede）将个人主义定义为"一种对松散的社会框架的偏好，在这种框架中，个人被期望只照顾自己和直系亲属"。与之相对的是集体主义，它是"一种对紧密联系的社会的偏好，在这种社会中，人们理解并期望群体成员互相照顾，以换取相互忠诚"。霍夫斯塔德以1（最大的集体主义）到100（最大的个人主义）对社会进行排名。中国——一个根植于儒家思想、强调相互责任原则的社会——得分为20分。巴西也是一个相对倾向集体的社会，得分为38分。西方国家往往是最个人主义的。德国得分为67分。但美国在所有国家中得分最高：91分，英国紧随其后。

身处高度强调个人主义的美国社会，我们时不时会对构成有目的性的集体的关键原则表示抗拒。乔纳森·海特在《正义之心》中写道，社会秩序"建立在对个人及其自由的保护之上"，而不是建立在我们对彼此的义务责任之上。海特写道："任何限制个人自由的规定都可受到质疑。""如果它不能保护某人免受伤害，那么它在道德上就不合理。"

这些都是建立社区和相互义务的挑战性条件。在一个高度个人主义的社会里，与人们谈论牺牲和更广泛的善——在社会里，在学校里，在一个全民范围内——是具有挑战性的，而且总是会遇到阻力。但是，一个可行的社会契约，让人们习惯性地推迟和放弃他们的短期欲望和冲动（我不想做老师要求我做的事情），以共同努力获得更大的共同利益（如果我这样做，我就会阻止她教我自己和其他人），是学校培养出成功、幸福的学生的必要条件。

实际上，我们是乐观的

如果引言的第一部分让您感到焦虑，我们深表歉意。有时感觉它们像是一连串的痛苦。有时，从情感上讲，要写出来是很困难的。但从这里开始，事情会变得更加光明。既然我们已经确定了问题的框架，我们就可以着手解决问题了。我们相信，解决方案是有的：学校可以采取明确的步骤成功应对这些挑战。我们身处在森林深处——这可能看起来毫无希望，但也有一些蛛丝马迹可循。这并不容易，但我们谦卑地希望能帮助学校找到一条走出困境的道路。

举个例子，我们作者团队最近观察了一次会议——或者更准确地说，我们三个人观察了一次会议。第四个人——德纳留斯是负责管理会议的人。我们会见的是布鲁克林非凡大学特许高中的一群学生，德纳留斯是该校的校长。他即将与他的合作负责人进行一次战略规划会议，此时他正在聆听学生依据他们的经验对一系列学校政策和决定发表的意见。

这是一个案例研究，我们将在第1章中更广泛地讨论过程公平。在某些情况下，德纳留斯希望学生们对他正在积极制定或考虑修改的决定提供意见。在其他情况下，他只是想知道学生们对他认为不错的事情的看法。比如晨间考勤应该如何安排？对手机和校服政策的最新调整应该是什么？学生们重视学校里的哪些事件和活动？如果他们有一根魔杖，可以改变学校的一件事，会是什么？为什么？

在一种情况下，他有一个特定的目的，而在另一种情况下，他只是有不断收集意见的习惯，把倾听作为理所当然的事情。值得注意的是，在第一种情况下，倾听和询问学生的意见并不意味着他会同意或给他们想要的东西。一些学生争辩说，更加方便的做法是让他们一到学校就进行检查，然后有地方换上完整的制服，接着继续上课。德纳留斯仔细地听着，他微笑着。他解释说，在前一年，他们曾尝试将学生通过检查进入学校作为系统的第一步，但在许多学生因为在食堂（和楼梯）逗留而上课迟到后，他们改变了这一方法。将检查放到最后一步，即在食堂外面进行检查的方式带来了更高的学生准时上课率。"你们想看数据吗？"德纳留斯又热情地微笑着问道。在他看来，学生们想要询问政策是一件好事，尽管他自信自己知道在这个具体问题上什么是正确的决定。

尽管如此，他非常重视他们，经常询问他们的意见，并向他们展示他所做决定的相关数据，这一事实建立了过程的公平性。学生们觉得学校重视并考虑了他们的意见。它带来了信任和欣赏，尽管许多，甚至大多数决定都不是学生们所要求的。（有些是。"我总是试图找到至少一个'是'。"德纳留斯说。）突然之间，学生们更清楚地了解了某些做法的原因、这些做法如何支持他们的目标以及它们不是武断的。他们不仅接受了这些决定，他们理解并同意了他们的意见。最后，许多学生似乎很高兴没有得到他们想要的东西！

德纳留斯召开的会议没有任何复杂的东西。只要认真倾听，花时间询问和解释——接受来自青少年的建设性批评。当学生们发言时，他和一名同事正在做笔记。这个小细节说明：你的话对我很重要。并且他们并没有通过居高临下对青少年讲道理的方式表达价值观和谈论目标。偶尔笑一笑也有帮助——笑告诉人们我们是联系在一起的，他微笑的原因也在于此。那些足够关心讨论甚至争论政策的学生是积极参与的学生，这是一件好事。他们应该感觉到我们在倾听和重视这一点，不管他们是否能如愿以偿。事实上，我们认为，对于经营学校乃至更广泛的领域来说，一个很好的经验法则是，最重要的倾听时刻是你认为自己不同意的时候。

我们提出这个例子是为了表明，我们有可能消除疫情的影响，消除我们的学生所面临的日益上升的不信任浪潮，并帮助他们在学校中获得归属感。在本书中，我们将回到归属感的概念——回答我们如何打造能够提升学生归属感的学校的问题。我们认为，当学校这样做时，它们就创造了社区——一种共享利益和共担义务的共同期望。当这些事情发生时，你就有了一个像村庄一样的东西——一个存在于更大的社会中的实体，它有独特的文化，有互惠的社会契约，让人们准备好作为一个群体在村庄和整个更大的社会中茁壮成长。

每天，都有一些人在学校里做着德纳留斯在会议上做的事情。我们写这本书的目的就是找到这些故事并讲述给你。我们将告诉你查理·弗里德曼如何在纳什维尔古典学校（Nashville Classical）与他的教职员一起通过重新设计课外活动建立更大的学校归属感。我们将告诉你威尔士卡迪夫高中（Cardiff High School）的山姆·伊顿和她的同事们如何重新设计课间休息，让学生们能够彼此互动、建立关系并提升建立关系的技能。我们将向你描述本·霍尔如何教他的学生们见面要互相交谈而不是忽略彼此，以提升他们在学习时的归属感。

这是一个充满挑战的时代，但这是一本充满希望的书，它旨在表彰和分享那些像您一样不断寻求解决方法的教育者们。我们应该注意到，我们所借鉴的那些思想流派已经着手以多样的方式建立各种各样的文化。它们都是包容性的学术文化，但具有这些特征的学校文化并不是只有一个版本。有多种方法可以实现这一点。这些学校文化的共同点是它们都是精心设计和实施的。有一些原则可以帮助一所学校做到这一点，但不存在某种唯一的、固定的帮助青少年苗壮成长的项目或学校模式。

请谨记这一点，然后我们一起来看一下你将读到的内容。

在第1章"我们如何建立连接"中，我们将更深入地探讨我们在引言中提出的挑战，并开始提出一些解决方案。我们将尝试利用我们所知道的在进化角度下联系和归属对人类幸福的重要性的知识，我们所知道的智能手机技术如何影响青少年的知识，以及我们所知道的关于重建对学校机构的信任的知识，来勾画未来的道路。

在第2章"技术如何影响连接"中，我们将更深入地探讨技术。我们会讲讲它的一些好处，但也会讨论它的缺点，并从更实际的角度看待现实：我们需要限制学生在上学期间使用手机的频率。我们知道这不会让我们受欢迎，所以我们会花较大的笔墨来解释为什么我们认为应该切断学生与网络的连接。这样做将是困难的，所以我们将实际地讨论学校如何成功地做出这样一个艰难的决定。

在第3章"重塑课堂：放大归属感信号的教学"中，我们将讨论学校如何根据学生的现状设计自己，以最好地服务他们，我们将从教室开始。我们将展示我们如何"连接"教室，让老师能够在专注重要的教学的同时，不断地向学生发送归属感信号。课堂必须确保学生感到联系并让他们学到尽可能多的东西。我们不能让它成为两者之间的一种选择。许多读者都熟悉道格的《像冠军一样教学》（*Teach Like a Champion*）一书。本章讨论了如何应用、调整该书中的一些技术，并根据实际情况确定优先级。我们也会讨论一些教学视频。要战胜当前的危机，除了出色的日常教学，还要有更多的东西，但最终，如果做不好日常教学，我们就无法赢得这场斗争。

在第4章"连接学校的社会情感学习"中，我们将讨论如何重新连接学校的社会情感工作。我们将专注于品格教育和美德的灌输，以促进个人和群体的福祉。我们将分享关于恢复力和感恩价值的有力研究，以及如何使用它们来确保学生们快乐、被连接和满足。

在第5章"战略性地设计与开展连接课"中，我们将讨论为应对当前挑战我们需要进行的规划过程，以便更加高效地设计和运营我们的学校。我们还将分享几个案例研究：如何重新设计课外活动，如何重新设计文化，特别是当学生发生行为问题时，我们如何重新设计我们的做法。

我们以后记"我们如何选择"作为结束，简要介绍了学校选择在建设更具响应性和互联性的学校方面可能发挥的作用。在整本书中，我们讨论了社会契约对于一个可行的制度的重要性——为了实现共同的利益，人们必须接受个人自由的牺牲。在一个更加分裂的社会里，做到这一点更难。但是，用更广的视野看待选择，考虑家长如何根据自己的目的选择学校，将帮助我们为更多的家庭提供更多他们想要的东西，并大大减少在我们最需要学校的时候开办优秀学校的实际困难。

第 1 章

我们如何建立连接

现代世界的美丽和悲剧在于，它消除了许多需要人们表现出
对集体利益的承诺的情况。

——塞巴斯蒂安·荣格尔（Sebastian Junger）

在引言中，我们列出了学生和学校面临的三大挑战：我们对于归属感
的需要，智能手机引发的心理健康危机，以及对机构普遍缺乏信任。这些
论点将为我们在本书其余部分概述的解决方案提供信息。在本章中，我们
将更深入地解释它们带来的挑战，并开始探索学校可以利用对它们的理解
来重新设计与学生甚至与他们的家庭互动的方式。

建立归属感的必要性

了解人类最重要的事情之一是，我们已经进化到形成自己的群体，有共
同的责任和共同的目标，并渴望由群体关系所创造的归属感、意义和社区。
这深刻地塑造了我们的动机和欲望——即使是在我们没有意识到的情况下。

归属的欲望是通过大约100万年的进化而产生的——无论是人类还是在此之前的原始人。当我们回顾这一过程时，我们倾向于通过当代个人主义的视角来看待它。也就是说，我们通过关注个体特征和特征的关键作用来解释成为"我们"的过程。用最简单的话来说，我们相信人类的繁荣要归功于我们巨大的大脑、两足行走的姿势和对生拇指。虽然这毫无疑问是正确的，但这只是故事的一部分。我们的祖先取得成功的关键是建立有目标、合作和相互负责的群体。

在几百万年前的史前时代，一个拥有巨大大脑和许多特殊属性的原始人类独自站在草原上，可能很快就会饿死或成为其他东西的食物。人类本身就软弱、迟钝，在狩猎和防御工具方面远远落后于许多竞争对手。但是站在草原上，作为一个能够持续协调、忠诚和相互合作的人类小群体的一员——这个群体能够连续几个小时成功地以协调一致的方式追捕猎物，能在爪子和利齿来攻击时团结在一起，突然之间他就会成为顶级掠食者，唯一的顶级掠食者。

在人类存在的绝大多数时间里，只有那些能够形成富有成效的群体并成功融入其中的人才能生存下来。那些没能加入的人，那些组成了分裂团体的人，那些被踢出团体的人，都没能活下来。我们现在都是个人主义者了，尤其如果我们是在美国和英国。但在我们的进化过程中，过多的个人主义无异于死刑判决。

经过数千代的选择，群体形成的必要性与交配和养育后代的本能一样强烈而深刻地根植于我们体内。这就是进化的方式。我们必是在不知情的情况下被生存的需要所吸引。它必是与生俱来的。

威廉·冯·希佩尔（William von Hippel）在他对进化群体动力学的杰出

研究《社会飞跃》（*The Social Leap*）中描述的扔石头的重要性就是一个案例研究。冯·希佩尔认为，投掷石块，或者更准确地说，集体投掷石块，是"有史以来最重要的军事发明"，也是人类认知发展中最关键的突破之一。

今天我们不再认为石头是致命的武器，但冯·希佩尔指出，在19世纪，在面对只有石头的原居民时，携带枪支的职业士兵经常遭受伤亡并被迫撤退。即使是一个步枪纵队，有时也敌不过几十个人，他们巧妙地进行包围，并从精心协调的位置上以不留丝毫情面的精确度射击。

在进化史的背景下，冯·希佩尔写道，集体扔石头让一个较弱的物种第一次保护自己，甚至捕猎更大、更快或更强的对手。突然之间，人类可以从远处攻击或防御——这是一个安全得多的位置。在近距离战斗中，15个人可能会战胜一头狮子，但这可能是以牺牲几个群体成员为代价的，但15个人向狮子扔石头就有可能在防御甚至征服上取得胜利，且每个人的生存概率都要大得多，因此更可靠、更有效、更有侵略性。这一发明把猎物变成了捕食者。最终，人类不再是最弱的物种——当且仅当他们能够实现相互合作时。

学会以这种方式合作工作的个体具有巨大的优势，而且，冯·希佩尔指出，"那些体现群体的集体反应质量的后续心理变化将会得到进化的垂青。我们的祖先可以依靠他人的合作，因此获得了巨大的回报"。很快，竞争就在物种内部的群体之间展开，选择又一次奖励了那些在合作和互惠方面最成功的群体。

生存下来并茁壮成长的个体是那些能够形成群体的人，他们即使遭遇胁迫也能团结在一起，但这只有在绝大多数群体成员可以依赖的情况下才能起作用。我们进化到不断寻找我们可以感受到成员共同承担责任的群体，显示出可以可靠地完成复杂任务的群体，以及彼此信任和合作的群体。一旦我们找到了这样一个群体，我们就会不断地确认自己是一个信誉良好的成员，或者另一方面，寻找我们可能被排挤出去的迹象。对于我们进化的自我来说，被驱逐就是死刑。或者降低一点严重程度，如果处于一个无法互相保护、协调和保持忠诚的群体中，那也是死刑。群体对我们来说是最重要的，因为它对我们的生存至关重要。

换句话说，只有在复数形式下，人类才是自然选择的赢家，即使现在群体对我们成功的重要性似乎与我们无关得多，我们仍然被驱使着强烈地遵守群体规范，害怕孤立、分离和我们可能被排斥的可能性。"个人并不是真正的个人。"麻省理工学院连接科学组织（Connection Science）主任桑迪·彭特兰（Sandy Pentland）说，或者至少不完全是这样。当然，在整个进化过程中，我们作为个体在群体中也会竞争，就像我们在群体中竞争一样：我们在群体中竞争地位，竞争择偶的权利。但从选择的角度来看，在一个紧密联系的群体中成为一个中等地位的成员，总比在一个无法团结与合作的群体中成为领导者要好。

这种由进化带来的社交属性早已根植在我们体内，要看到这一点并不难。社会孤立对我们来说是一种压力，那些经历持续孤独和社会脱节的人在身心健康方面都很差。杨百翰大学的心理学家朱利安·霍尔特·伦斯塔德（Julianne Holt-Lunstad）研究了社会关系与死亡率的关系，发现缺乏社会关系的人相当于一天抽15根烟。类似地，加州大学洛杉矶分校的医学教授史蒂文·科尔（Steven Cole）发现，与社会隔绝的人的免疫系统不那么强大，也不能有效地对抗病原体。

我们的愤怒常常是我们群体性的另一个例子。人们很快就会被"搭便车者（不劳而获之人）"激怒，这些人打破了互惠主义的准则，寻求获得群体成员的利益，却不尽自己的一份力。例如，更多的文化允许偷窃，或者没有将其视为一个问题，但却不能容忍搭便车。冯·希佩尔说，对它的谴责几乎是普遍的。当我们感觉到互惠主义正在瓦解时，我们的直觉告诉我们，这个群体可能会分崩离析。这是我们能想象到的最大的威胁之一。

当我们不断地接收到互惠和归属感的信号时——也许更有趣的是——当我们发出这些信号时，我们会感到更安全。慷慨——尤其是在关系密切的群体中的慷慨——也存在于地球上的每一种文化中。它几乎总是伴随着满足感和幸福感。当我们再次确认自己与团体的联系时，我们会感到快乐和安全。经过几千代之后，伴随这种行为的心理和情感健康已经被深深地镌刻在我们身上了。

小小的瞬间和归属的姿态

归属感是最具有力量的人类情感之一。丹尼尔·科伊尔（Daniel Coyle）在他的著作《文化密码：成功团队的秘诀》（*The Culture Code: The Secrets of Highly Successful Groups*）中讨论了它在现代团队形成中的作用。他指出，归属感通常是通过小小的时刻和看似不重要的姿态建立的。实际上，它主要是通过这种方式建立的。当团队成员发送和接收频繁出现的小小信号时，团队凝聚力和信任就会产生。这些信号的累积几乎肯定比宏大的团结声明或戏剧性的姿态更有影响力。科伊尔写道："当我们接收到几乎看不见的不断积累的信号时，我们的社交大脑会兴奋起来：我们亲密，我们安全，我们分享未来。"但这不是一次性的。归属感是"需要不断通过连接信号来加以滋养的火焰"。

在口罩管制解除后我们去到一位同事的学校参观，当时她用一个简单的例子描述了这一点。她说："我正在努力确保我关注眼神接触和微笑。我们要关注重建这种习惯，让孩子们在走过走廊时看到有人对他们微笑，他们就知道：这是我的地方。"

微笑和眼神接触是最重要的归属信号之一。它们也反映了更广泛的归属信号的性质：它们往往是微妙的，甚至是短暂的，因此很容易被忽视。说"谢谢"和进行礼貌的仪式形式——开门，让别人先走，握手等。当你进门时扶住门或让别人先走几乎没有实际益处，像大多数礼貌行为一样，它真正的意义是一个信号："我在关心你。"它重新确认了联系。它不仅影响到你对其表达礼貌的那个人，还会影响到其他人。在一项研究中科伊尔指出，"一个小小的感谢会导致人们对一个完全不同的人表现出更慷慨的行为。这是因为感谢不仅是感激的表达，它还会产生一种传染性的安全、联系和动机的关键归属信号"。

当我们对一个归属感信号做出回应时，不仅会回复发送信号的人，还会向其他人发送额外的信号，这就是政治学者罗伯特·基欧汉（Robert Keohane）所说的"扩散互惠"（diffuse reciprocity）的一个例子。"特定互惠"是指如果我帮助你，你也会以大致相等的程度帮助我。它通常是商业或政治交流的第一步，但往往只能产生有限程度的信任和联系。然而，扩散互惠（或泛化互惠）是指如果我帮助了你，团队中的其他人可能在未来的某个时候也会帮助我。基欧汉写道："在扩散互惠的情境中，对等性不是被严格定义的。一个人交易的对象可以是一个群体。规范很重要。当参与或发起扩散互惠时，我特意表明我不记分，也不要求每笔交易都有同等价值。我试图表明，我认为我们是一个团体的一部分，给出去的早晚会回到我这里。"

这就是为什么在许多文化和环境中，没有什么比坚持为别人无偿提供的东西买单更侮辱人的了。它是用具体的互惠信号来回应欢迎或帮助的提议——扩散互惠。它暗示的是"交易"而不是"联系"，并降低了对方的姿态价值。

然而，关于感激和归属感的信号，最有趣的一点可能是，真正的受益者是发送者。慷慨大方和热情好客让我们感到高兴，部分原因是这让我们感觉自己是社区的好成员，最终可能使我们感到自己是更有安全感的社区成员。正如法国哲学家拉罗什富科（la Rochefoucauld）所言："我们更乐意看到我们给予好处的人，而不是给予我们好处的人。"冯·希佩尔在总结他的研究时写道："生活满意度是通过融入社区和支持有需要的社区成员来实现的。"注意相互关系的平衡性，对群体付出和受益于群体的心理好处同等重要。

感恩也是人类最强大的情感之一。正如肖恩·阿克尔（Shawn Achor）在《快乐竞争力》（The Happiness Advantage）中解释的那样，经常表达感激之情会让你（或你的学生）注意到它的根源。经常这样做会产生"认知残像"（cognitive afterimage）：你更有可能看到你要找的东西。如果你希望思考和分享你感激的事物的例子，你就会开始寻找它们，环视周围，寻找值得感激的好事物的例子。所以你会注意到更多。

心理学家马丁·塞利格曼（Martin Seligman）在一项研究中要求参与者每天写下三件他们感激的事情。一个月、三个月和六个月后，他们不太可能再经历抑郁和孤独。阿克尔在谈到这项研究时写道："他们越善于观察世界，寻找可以记录的东西，他们看到的好东西就越多，甚至不需要费力去找，无论是生活的哪一方面都是如此。"对他们来说，这个世界变得更好了，这个世界重视他们，随时准备拥抱他们，因为他们养成了注意世界发出的信号的习惯。阿克尔写道："生活中很少有事情像感恩一样对我们的幸福不可或缺。""经常感恩的人更有活力、情商高、宽容，不太可能抑郁、焦虑或孤独。"

眼睛可能是最重要的建立归属感的工具，建立的方式之一就是眼睛看到的事物会深刻地改变我们对世界的感觉。甚至它们的生理结构也显示出它们是多么的重要。人类是唯一拥有白色巩膜的灵长类动物（巩膜是包围着瞳孔的部分）。冯·希佩尔在书中写道，之所以会出现这种情况，是因为放大凸显我们的眼神可以促进合作和协调，且它展示出我们在群体中的地位——所有这些对人类来说都比灵长类动物重要得多，因为灵长类动物不那么绝对依赖合作和互惠共生来生存（其他所有灵长类动物都是如此，甚至是群居动物）。"如果我和我的团队的其他成员竞争，我不想让他们知道我在想什么，这意味着我不想让他们知道我在看哪里。"冯·希佩尔说，"无论我是在寻找潜在的伴侣，还是在寻找美味的无花果，我都会保密，以免别人先发现。但如果我与小组的其他成员合作，那么我想让他们知道我的注意力在哪里。如果有美味的猎物出现，而我先发现了它，我希望其他人也能注意到它，这样我们就能合作捕捉它。"

我们已经注意到，人类也会在群体内竞争，而我们的眼神——通过我们的眼白被放大并让其他人看到——也会展示出我们在群体中的名望和地位。任何曾经给予或接受过调情一瞥或参与过闭眼挑战的人都可以证明这一点。"我们的巩膜……让我们能够相当精确地监视他人的目光。"比尔·布莱森在《人体简史》（*The Body: A Guide for Occupants*）中写道，"你只需要稍微移动一下眼球，就能让同伴看着餐馆里邻桌的某个人。"更有力的是，群体成员之间的眼神告诉我们，我们是受到尊重和安全的，还是被怨恨、边缘化或蔑视的。肯定的眼神交流是人类所能发出的最深刻的归属感信号之一。相反，缺乏它可能意味着我们的融入情况不容乐观。

我们目光所携带的信息有多大价值？"基因扫荡"（genetic sweep）指（进化中的）可以给当事人带来巨大好处的身体变化，随着时间的推移，只有发生变化的人才能留下来。拥有白色巩膜——换句话说，能够更多地通过眼神交流——就是一个例子。这个星球上所有的人类群体在进化中变得越来越成熟的眼神信息所带来的的好处是具有决定性意义的。

考虑到这一点，这张照片来自德纳留斯当数学老师时的一段课程视频［道格在《像冠军一样教学3.0》（*Teach Like a Champion 3.0*）中讨论过这张照片］。

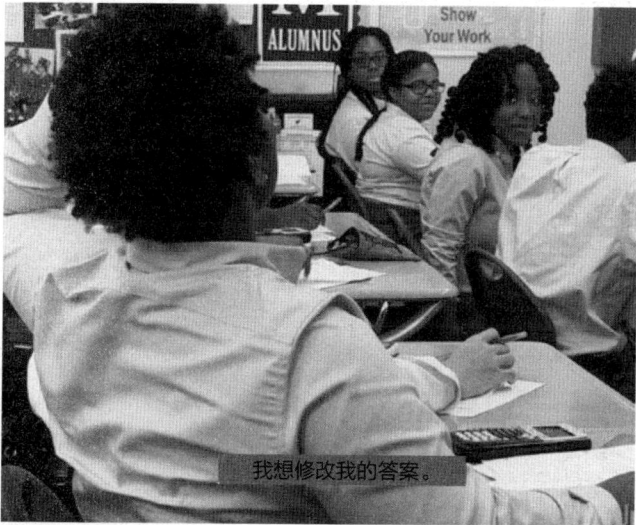

我想修改我的答案。

学生凡妮莎刚刚很自信地讲述了她对一个数学问题的解的解释，但突然，在中途，她意识到她的解释是不正确的。她把倒数和反函数搞混了。

她一直在25或30个同学面前自信地讲话——建议他们"如果你检查你的笔记"——现在,当所有的目光都盯着她时,她意识到她大错特错了。她停顿了一下,看了看她的笔记。"嗯,我想修改我的答案。"她笑着说,不带一丝自我意识。

她笑了,她的同学都笑了。顺便说一下,笑声也传达了归属感(或排斥感),在这里它清楚地传达了:"我们和你在一起。"这一刻几乎是美丽的——它被归属感的温暖光芒所照亮。学生们在彼此的陪伴下感到安全和支持。信任的程度是深刻的。

现在看看前排的女孩们。她们肯定的目光——鼓励地转向凡妮莎——传达着支持、安全和归属感。事实上,很难用语言来表达他们的眼神有多少交流——每一个眼神都有点不同——但他们的眼神和凡妮莎自己的性格和人格一样,对塑造这一时刻至关重要。他们培育并保护了一个空间,让她的勇敢、幽默和谦逊得以展现。

与此相反的时刻也会发出同样有力的信号,而且几乎可以肯定,这种情况在课堂上更常见。缺乏眼神交流(或错误的眼神交流)是一个信号,即使你被告知你是某个团体的一员,即使某人的言语告诉你你属于这个团体。当我们从同伴的目光中接收到的信息有问题时,我们会产生自我意识和焦虑。

假设你正和几位同事一起吃饭,大家都围坐在一张桌子旁。说话后翻白眼是一个毁灭性的信号。或者,当你说了什么之后,没有人看你,你开始想:我说的话很尴尬吗?不老练?愚蠢吗?不那么有趣,甚至一点都不有趣?没有确认的眼神,你会突然紧张起来。即使你一直没有说话,你从眼角注意到一个模糊的白眼也是焦虑的来源。是关于你的吗?你做了什么事让自己被团体排挤了吗？

或者假设你迟到了，慢悠悠地走到桌前，发现没有人抬头看你，你的大脑突然在焦虑地计算这可能意味着什么。你的同伴可能只是沉浸在他们的手机中，因此没有抬起头来和你打招呼，但你的潜意识可能无法区分各种潜在的解释。不管这种行为的原因是什么，它都发出了一种令人担忧的没有归属感的信号。

在太多的教室里，学生们经常说话，而同龄人中没有人表现出他们在听或关心，他们挣扎着，没有人支持他们。他们寻求联系，但没有人表示出类似的意愿。在这里，想想最孤独、最孤僻的学生吧。他们中有多少人抬头看到的是同学们漠然的表情？这就是我们要求青少年追求梦想时的非语言环境。想象一下凡妮莎在一间屋子里，周围都是回避的、冷漠的目光。如果她很聪明——如果她像大多数青少年一样——她就应该知道，在一开始就不该举手。

心流及其在归属感中的作用

我们有必要观察一下此刻凡妮莎的其他感受，她读到了归属感和支持的信号，进而她做出了有成效的、积极的学习行为时。房间里弥漫着一种效率和生产力的感觉。凡妮莎不只是觉得自己是团体的一员；她觉得自己是一个成功团体的一员，一个正在前进和完成事情的团体，一个从进化的角度来看很可能生存和发展的团体。当我们作为一个群体的一员，与持续的动态进步的感觉结合在一起时，我们的归属感会特别强烈。"心流"的心理状态描述了当人们不间断地专注于一项任务并持续一段时间时所发生的情况。忘记时间，沉浸在一项任务中是我们能体验到的最愉悦、最令人满意的精神状态之一。

对于我们的祖先来说，狩猎可能是产生心流状态的经典例子。许多科学家认为早期人类主要是坚持不懈的猎手。也就是说，一群人会合作追逐一种生物，很可能是在短期内跑得更快的生物。猎物在第一次被追赶时可能会成功逃跑，但猎人会跟踪它并找到它，然后再次追逐它。想象一只羚羊。一次又一次，当羚羊逃跑后休息时，猎人们会发现并追捕它。这需要团队合作、坚持不懈、绝对专注——例如，对羚羊位置的最微小线索保持高度协调——持续数小时，直到最后猎物精疲力竭而死或放弃，让自己被捕获。那些能够在这样的任务中忘记自我，并在相当长的一段时间内保持专注的人，将比那些不能保持专注的人拥有明显的选择优势，所以我们对心流状态的偏好可能就始于此。无论如何，能让我们实现心流的群体不仅是最富有成效的，而且往往是最有可能感受到归属感的群体。最终，当我们所在的团队能让我们感受到富有成效和效率时，我们是最快乐的。

这也反映在塞利格曼对"幸福"的定义中，这个术语被许多人定义为"快乐"的同义词。塞利格曼认为，的确，幸福往往包括快乐。但它也同样包括参与——专注于一项任务，几乎完全活在当下，还有意义——成为重要且有价值的事情的一部分，通常是感觉比你自己更大的事情。

也许这就是为什么这么多学生声称的认同感来自课外活动，如音乐、戏剧和体育活动，这些活动更有可能涉及参与者持续的动态参与状态。比方说，在许多学校里，数学课很可能经常受到低水平的干扰——在前进的过程中被打断。动力，全身心投入的感觉，在一项任务中"忘记自我"的感觉，在这种情况下是很难或不可能维持的。当一个青少年说，"我是一个音乐家"或"我是一个足球运动员"，这表明这些活动为他建立了一种归属感，这种归属感形成了他们的身份。这也许能告诉我们一些东西。是的，我们应该确保在课堂之外有各种青少年能随时参加的、发展各类兴趣爱好的归属感密集的活动。是的，我们应该确保这些课程是精心设计和被精心教授的，以最大限度地提高学生的归属感和彼此联系。但我们也应该认识到，青少年对这些活动的热爱也可以在课堂上更多地发生。如果课堂能像其他环境对戏剧或篮球一样，帮助学生在追求历史或科学的过程中忘记自我，那么学生对历史或科学的认同感可能会和对戏剧或篮球的认同感一样。

为了更深入地研究人类动机的根源，我们已经走了很远很远的路，所以让我们停下来总结一下我们正在提出的论点：人类具有深刻的社会性和群体导向性——远远超过我们通常意识到的程度——我们的幸福深受我们是否觉得自己是有目的群体的一部分的影响。如果我们想让青少年茁壮成长，获得满足，并保持心理健康，学校必须确保其提供的活动——包括课堂教学的核心活动——让学生有归属感，特别是当他们所属的群体带有共同目标、意义和共同责任的特点时。值得注意的是，许多让人产生联系和归属感的因素都隐含在经常被忽视的微小互动的时刻中。相互责任和承诺是团队形成的核心，所以你的付出和你的收获同样重要。准备好支持其他团队成员，表现出你支持共同目标的意愿，即使是为了更大的利益而做出的小牺牲，也和我们从别人那里得到的东西一样重要。当学生们在生活中被严重孤立并与群体隔绝时，我们精细化设计学校以最大限度地发挥日常互动的这些特征是至关重要的。

你有没有可能做得太过了？当然。有一个重要的平衡需要达成。只有当每个学生都感到自己作为一个个体受到重视和欣赏，而不仅仅是班里的一员时，归属感才会起作用。但鉴于我们是历史上最个人主义的社会，我们大多数人都强烈地意识到我们对个人自由和自主的渴望。"在我们的文化中，从固化的社区联结中解放出来是一个常见而光荣的主题，"罗伯特·帕特南（Robert Putnam）在《独自打保龄球》（*Bowling Alone*）中写道，"我们（美国）的民族神话常常夸大个人英雄的作用，而低估集体努力的重要性。"我们不太可能认识到需要更多的群体联系，更多的互惠，更多的集体主义。但要想成功——尤其是现在的成功——学校必须利用团体的力量。

做正确的事，而不是做受欢迎的事

在引言中，我们展示了智能手机对学生（可能还有成年人）的联系、快乐和幸福带来毁灭性影响的数据。在这里，我们将根据我们现在对人类归属感的了解，重新审视这些现象，以便更好地理解当学生越来越多地关注他们的手机而不是周围的人时会发生什么。

既互有联系又孤独的这一代人

对于经营青少年聚集和互动场所的人来说，尤其重要的是，要明白智能手机的大规模使用从根本上改变了青少年生活的社会结构，即便他们没有积极使用它们。

正如我们在引言中所讨论的，长期使用手机已经改变了各地的社交模式。"我见过我的朋友和他们的家人，"一名学生告诉心理学家珍·特温格，"他们不跟对方说话。他们只是说，好吧，随便吧，然后他们就开始玩手机了。"在非正式的互动时间中，青少年和他们的父母、大家庭或朋友之间的联系和交流曾经是建立在家庭聚餐、开车练习、放学后闲逛上的，而现在，这种非正式的互动往往只有很少的宝贵的眼神交流和其他归属感的信号。相反，它们需要更多的屏幕滑动和鼠标滚动。其中传达的信息是：这就是人们在陪伴彼此时所做的事情。"非屏幕活动能帮助青少年减少孤独感。"特温格写道，但这种互动和它们可能提供的解药被削弱了。你和朋友在一个房间里，但每个人可能都时不时地盯着手机，只有一半的心思在当下，对着屏幕上闪过的某些东西（也许是关于你的！）傻笑。

甚至还有当我们刚加入一个团体时的尴尬时刻——当我们到达时，我们站了一会儿，扫视房间，直到有人意识到他们可能应该打声招呼（也许一点眼神交流暗示了这一点）。如今这也都被改变了。现在你环顾四周，但每个人的眼睛都向下看。所以你也拿出你的手机。你们没有联系，而是保持分离。

这也会影响机构的生活和文化。一位青少年告诉我们："有时我到学校看到大家都很兴奋，但当我到教室或走廊时，我的朋友们都在把玩他们的科技产品。""原本在去学校的路上，我一想到要见到他们就非常激动，但是到校后我就在想，我为什么会在这里？如果你不想说话，我可以远程参加（即通过远程课程参加）。""如果你不想说话"这句话很可能描述了人们在没有得到人们预期（也是期望）从对方那里得到的承认、眼神交流和确认时的感觉。我们不会说我们不想聊天，我们只是发出信号。不管我们是否完全意识到，走进一个房间却没有得到任何明显的回应，都会让任何人感到不安和焦虑。但对于对自己在世界上的位置特别敏感的青少年来说，情况更是如此。

一名大学生告诉特温格："我经常提前去上课，发现一间教室里有30多名学生静静地坐在一起，他们都在玩自己的智能手机，不敢说话，也不敢被同学听到。"在那些允许学生使用手机的中小学，这种同龄人之间的社交隔绝难道不常见吗？

对抗智能手机"流行病"

对青少年使用手机的时长做出限制很重要，但同样重要的是要注意，当他们远离电子设备时，选择更有益于青少年健康的利用时间的方式。确保学生在离开手机时能够充分参与和"连接"，这对于重新连接他们也至关重要。

这里的图表显示了特温格调研的数据，此图是关于八年级学生参与的活动与不快乐情绪关系的数据图，这幅图显示某些活动会带来强烈的负向情绪。

八年级学生变得不快乐的相对风险
（2013—2015年）

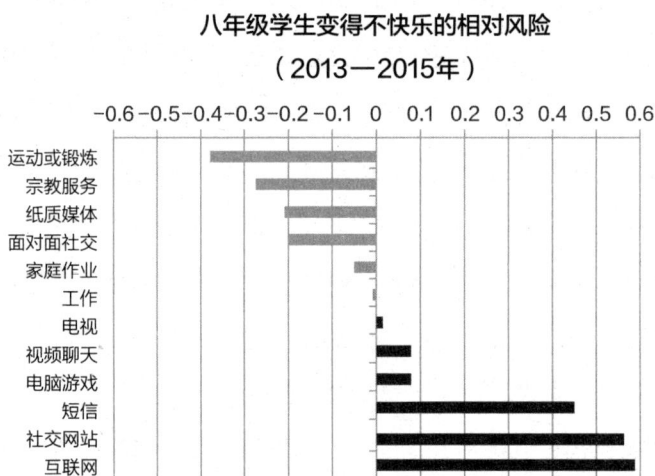

特温格发现与不快乐负相关最强的活动——参加体育运动有着以下一些特点：它涉及与其他参与者的互动；它涉及共同的目标；它需要合作和互动。花90分钟练习排球意味着花90分钟关注面部信号和微妙的人际暗

示——重新学习人类互动的基本规则。这意味着90分钟的团队合作和协调，以追求一个目标。这意味着你有90分钟不能玩手机。特温格的研究表明，这种互动可以作为"解药"，因为它们似乎可以抵消使用社交媒体的一些不良后果。

"不使用手机"和"在对心理有益的环境中使用手机"之间的区别很重要。学校、家长和其他以青少年为基础的组织应该考虑采取三种不同的行动来应对智能手机/社交媒体的流行：限制、疗愈和干预。

限制：认为我们能回到智能手机出现之前的时代是不现实的。认为学校能在重塑广泛的社会规范方面取得很大进展是加倍不现实的，那不是我们的工作。但我们相信，在我们的机构内建立确保学生学习和幸福的环境是我们的工作。屏幕会降低注意力、学习能力、社交能力和心理健康程度。确保学生长时间远离屏幕——不仅是不使用它们，而是屏幕实际上不在身边——对于重建注意力、优化学习和最大限度地提高社交幸福感是必要的，尤其是在一场导致学生学业严重落后并与社会脱节的危机之后。

这确实是一项艰难的任务。我们中有一个人的孩子所在的高中里大张旗鼓地制定了"上课不准用手机"的规定。一小部分教师勤奋而成功地遵守了这些规定。有些人缺乏意志或技能来处理试探规则的学生，其他人则选择无视或嘲笑他们。坚持这一政策的教室很快就成为异类，两周内，不出意外地，这一举措很快就会被遗忘。（同样值得反思的是，在这个质疑越来越多的时代，一项已宣布的政策未能贯彻到底，这进一步向家长和学生传达了机构有效性的负面信息。）

但是，当然，有些学校确实成功地实施了限制。在第2章中，我们将分享具体的细节，但我们在这里要强调的是，作为第一步，获得员工和家长的支持是非常重要的。

我们相信，通过勤奋和专注，学校可以为学生创造持续的空间和时间，让他们不受干扰地彼此互动，完成学习任务："面对面"和"笔对纸"——就是我们喜欢说的"高文本，低科技"。重要的是，学校是最后有充分理由希望对手机的普及实施这种调节作用的机构之一。我们可能是最后的堡垒。

疗愈： 除了限制使用智能手机外，学校还可以鼓励开展"疗愈活动"。事实上，最好的疗愈可能只是一个运行良好的教室，有一个强大的动态课程，让每个人都参与进来，学生们会有强烈的归属感，因为他们不断地从同伴那里得到暗示，他们的存在和努力是被重视的。此外，学校还可以有意地在课堂之外增加一系列活动，让学生参与进来。这些活动——社团、体育和赛事——必须像教室一样被精心设计和精心管理。仅仅提供一个武术队或科学社是不够的，如果没有人来，或者有人来了，但有一半的人在玩手机，这样学生在教室里和在教室外可能都会感到孤独。

讽刺的是，有时候选择越少越好。学校里一个常见的说法是选择激励——如果我们让青少年选择他们的活动、他们的书籍和他们的学习，他们会更喜欢这些。但事实上，更能激励人们的是他们对社会规范的解读——我们行为的部分动机是我们想要与周围的人产生联系并与之共同努力。选择有时会激励人，但联系更能激励人。一个匆忙增加的辩论社，偶尔有人参加，由一个冷漠的工作人员管理，少数学生鱼贯而入，瞥一眼他们的手机——或者看着他们的同龄人一边练习一边刷手机——并不能创造多大的价值。我们相信，在教室里也是类似的情形，我们过分强调对书的选择的重要性，结果可能是每个孩子都在房间的某个角落读自己的书，没有机会讨论它，或者更好的是，从共同阅读故事的经历中获得情感联系。

最好的方式是一起读这本书，甚至大声读出来，听着故事展开时彼此的笑声和惊讶时的吸气声。更好的办法是确保学生在有建设性的、有意设计的、文化充满活力和支持性的环境中度过他们的学生时光。高度联系的活动可以更少一点，但做得更好一点，这样会更好。

干预：现在的青少年经历的青春期比十几二十年前的青少年要慢。2017年的十年级学生在某些方面拥有几十年前八年级学生的生活经历。即使在疫情之前，他们也不太可能有工作，不太可能有驾照，通常在世界上与新认识的人互动的时间也更少——在成千上万次意想不到的互动中，他们掌握了社交线索。而疫情进一步切断了他们与这一系列经验的联系。

返校的青少年与正常的互动隔离开来，这不仅是因为两次疫情，而且很可能是因为新出现的技术。当社交活动在长期中断后重新出现在青少年身上时，它们被口罩和社交距离扭曲了。当你看不见对方的脸时，你如何学会读懂对方的面部表情？当你不能拥抱或握手时，你如何学会问候对方？

如果我们通过上面讨论的解决方案，在白天为他们提供更多的联系机会，一些学生将填补因这种经历减少而留下的空白。但在某些情况下（对一些学生来说，也许对我们想要设定的一些规范来说），仅仅有机会是不够的。我们必须准备好以一种蓄意设计的方式传授社会规范和期望。

在很多方面，我们所知道的最好的学校已经这样做了。他们敏锐地意识到，只有最积极和最富有成效的课堂氛围才能鼓励和培养学生所需要的那种智力文化，如果卓越真的是一个目标的话。他们习惯于设定和传授社会规范。

这项工作主要有两种形式。第一种形式是学校可以在课堂之外设置和灌输广泛的、持续的社会规范。有些出乎意料的是，道格工作的一个足球俱乐部提供了一个有趣的模型。俱乐部是职业球队的"学院"。那里的运动员（12—18岁）每天训练，参加精英水平的比赛。他们每个人都成长为他们所在城镇或社区的最佳球员，少数人将成为专业人士。然而，大多数人不会。他们很可能会在大学继续踢球，然后开始其他的生活。他们现在无法清楚地看到这一点，因为他们还年轻，正在追逐自己的梦想。但这种优秀可能会带来我们不想要的结果。在青少年的世界里，他们是高地位的个体。这很容易让他们变得有点过于自我。学院花了很多时间思考这个问题。他们（还有运动员的父母！）想培养有个性和谦逊的人。该组织希望他们在俱乐部中感到自豪和归属感，但也要保持脚踏实地。

因此，无论何时你出现在他们的校园里，每一个经过你的运动员，无论他们是12岁还是18岁，都会与你握手或碰拳，并有一点眼神交流。大多数人会告诉你他们的名字，并说"欢迎"或"我是多马里"。这对游客来说很可爱——这让他们感到自己是受欢迎的——但对运动员自己来说更好，他们已经练习了把每个人都视为重要和平等的人来欢迎，他们已经练习了迈出联系的第一步，他们擅长自信和欢迎。

学校没有理由不考虑类似的惯例或仪式。事实上，在第5章中，我们将向你分享新泽西州纽瓦克的北极星学院市区中学（North Star Academy Downtown Middle School）的教职员工、学生和家长到达时相互问候的情景。这是一种建立归属感、培养社交技能和设定文化规范的仪式。

学校可能要计划的第二种干预形式是专门针对那些与社交信号作斗争的青少年，他们不太善于观察如何与同龄人交往，如何交朋友，或者在学校生活的十几个时刻说一些合适的话。学校对这样的青少年很苛刻，可以肯定的是，在疫情之后，这样的人会更多，而学习解读线索和信号的其他社会环境会更少。

在我们所知道的一所学校，学生处主任经常邀请学生与他共进家庭式午餐。甜点有一盒饼干，一个装盐和胡椒瓶的篮子，还有几瓶辣酱。对中学生来说，和主任一起吃饭感觉很特别（大致就像在飞机上被提升到头等舱一样）。午餐还包括成人式的谈话，谈论学校、家庭、音乐或新闻。在人群中有一些孩子被邀请是有原因的。他们需要练习。事后或事前，他们可能会得到一些反馈。"问别人问题是一种很好的交流方式。试着问问他们喜欢什么音乐，而不是只告诉他们你喜欢什么。"这是一个我们称之为干预的小而可爱的例子：学校刻意在一小群需要额外帮助的学生中培养社交技能和相互理解。

德纳留斯最近在采访他的学生们今年在学校的经历时，被他们对社区会议的重视程度所震惊，社区会议是整个学校聚集在一起发布公告、进行文化建设和充满灵感的场合。在这段时间里，德纳留斯故意在学校里教授和强化积极文化的规范。这是全校范围内的社会规范教学。结果，学生们想要更多的社区会议。他们珍惜那段时间，甚至比他所知道的还要多。他们喜欢可以在会议上看到不同年级的同伴。他们喜欢成群结伙。他们有时会对大人们说的或教他们的一些事情小小翻一下白眼——比如告诉他们要用眼神交流来打招呼、表达感激之情、让自己的校服达到标准——但他们还是在听，而且事实证明，他们很看重这些。他们欣赏他和他的员工在那里教的东西，也明白这些东西可能很重要——不论是现在或以后，在这里或在其他地方。他们想要为生活中可能发生的一切做好准备。一旦他们离开大楼，他们每个人都完全有能力决定如何利用这些知识。

对一些读者来说，他们灌输的行为听起来可能是"家长式的"。让学生以一种特定的方式互相问候在文化上是一种侵犯吗？它是否践踏了学生自己的文化？

我们不这么认为，主要是因为我们认为学生很聪明。我们认为，对他们来说，了解他们就读的学校的规范是有益的，尤其是当这些规范可以帮助他们在学校建立联系和学习时，但他们仍然完全有能力决定何时以及是否在学校之外采用或适应这些规范。学生们完全有能力自己决定他们想要投入多少。他们永远都有技巧，几乎可以肯定的是，有时候他们会很高兴拥有它们。他们可以随意打开或关闭这些开关。我们都知道，有些孩子的学校要求男生打领带，他们中的许多人在出了门后几秒钟内就把领带解开了。有些人在校外的时间里不愿意接近领带，有些人发现自己偶尔喜欢领带，因为看起来更成熟一点，他们喜欢知道如何打领带或如何搭配衣服。每个人都明白，他们在学校打领带，并可以选择如何在自己的时间适应这一传统。

根据我们的经验，学生通常理解并重视他们所在组织的高期望。他们喜欢被要求达到高标准，因为这些标准显然是由对他们潜力的信心驱动的。即使是那些当时似乎并不欣赏它的学生，最终也会看到它的价值。每个人都喜欢讲述教练或老师让他们充分发挥潜力的故事。他们经常喜欢夸大它的挑战性（例如，他们必须跑多少次冲刺）。但他们自豪地讲述这个故事，因为它代表了他人对他们投资价值的肯定。

学生们并不介意被要求达到高标准，只要他们明白，他们的能力和潜力是受到尊重的（只要这些标准一直被坚持）。这一事实在讨论技术时尤其相关。学生们一开始会对学校限制使用手机感到高兴吗？当然不是。他们会反对吗？抱怨它吗？绝对的！他们会签请愿书吗？当然，如果是这样，那就更好了！

他们很年轻。事实上，他们在16岁时并不知道世界上的一切。他们还不了解允许带手机和不允许带手机的学校会有什么区别，以及这将如何影响他们的学习。

因此，我们应该期待一些阻力，如果学生组织请愿活动或抗议，我们应该感到高兴。这意味着他们关心并坚持自己的信仰。这是一件好事，即使我们认为他们是错的。

如果有一个针对手机禁令的请愿活动，我们会和学生见面，说："告诉我们你对限制的所有担忧。"我们会尝试问一些后续问题，以了解更多，并表明我们认真考虑了学生的观点："所以你担心你妈妈白天找不到你？"我们会给他们一些数据（也许是这本书中的一些数据！）让他们思考。我们会寻找至少一个小小的妥协或调整作为回应。我们甚至可以给他们机会，根据他们对基本规则的遵守情况来决定他们是获得还是失去更多的灵活性。"好的，"我们可能会说，"我们听到了。我们会找个地方让你一天查两次手机。但要知道，如果在非规定时间拿出了手机，那他将失去这个特权。"

然而，最后，尽管参与的青少年充满激情地争论，我们认为你应该根据团队的长期利益来决定。答案很明确。这不是大多数学生一开始想听到的。办学的职责不是做受欢迎的事，而是做正确的事。在那之后，你的工作就是走出去，确保学生们以积极的方式感受到这种差异。我们的同事保罗·班布里克（Paul Bambrick）提醒我们，"接受是一个结果，而不是先决条件"。如果一种文化让学生感到自己是完整的、被支持的和重要的，他们就会接受它。没有理由认为他们事先就知道会这样。如果我们专注于建设优秀的学校和学校文化，学生就会相信它。

要做到这一点需要所有员工的专注、跟进和支持，而这并不总是容易实现的。对任何一所学校来说，贯彻执行的能力——确保所选政策和决定在整个机构得到忠实执行的能力是提高效率的关键因素。可靠地落实好重要事项的挑战在今天显得意义重大。其中一个主要原因是，人们对机构的信心从未如此之低。就在我们最需要它们的时候，作为公众的我们却比以往任何时候都更加怀疑它们。

做好准备重建信心

这就引出了本章的第三个论点：我们必须做好准备，努力重燃人们对我们学校的信心，让学生体验到这样的学校：学校是反应迅速、关心学生、高效的典范，尊重学生的时间和价值，即使他们不能得到他们想要的一切。这一点尤为重要，因为正如教育作家罗伯特·邦迪思修（Robert Pondiscio）所指出的那样，学校往往是青少年第一次与机构理念有了持续互动的地方。他们将在这里发展——或未能发展——起一种信念：当我们一起工作时，我们所建立的东西是有价值和有益的，人的一生就是与他人一起工作并创造东西。当你不信任一个机构或不相信它能很好地为人们服务时，你就很难从它所提供的东西中受益。如果这还不够有挑战性，我们不仅要重燃学生对学校的信心，还要重燃家长和老师的信心。

爱德曼信任度调查（Edelman Trust Barometer）揭示了前进道路上的关键一步。爱德曼信任度调查是一项长期开展的关于机构信任的年度国际调查。在描述世界各国信任的潮起潮落的数据时，作者指出，"人们对任何机构的最大信任源自于其信息的质量"。当你分享高质量的信息时，人们会理解你为什么要做这些事情。分享全部信息也是一种信任行为，它显示了公开和透明。

有相当广泛的研究支持一个相关的观点：开放性可以帮助人们确定他们认为一个机构有多公平，这对他们对该机构的估计和信任有很大的影响。此外，当人们认为一个机构的决策是公平的，他们更有可能接受它的决定，即使他们不同意决定内容。

公平可以分为两种类型：过程公平和结果公平。结果公平是指人们是否认为一个决定是正确和公平的。过程公平是指人们是否认为决策者以公开、公平和诚实的方式进行决策。民主提供了一系列的例子。我们大多数人理解并接受它的决定，即使我们不同意它们，因为我们相信这个过程是公平的。出于这个原因，有抱负的、正直的公职人员在面对他们没有获胜的结果时，通常会肯定这个过程："人民已经发声了。"从长远来看，这个过程比任何单一的决定都要重要。

事实上，研究表明，人们对过程公平的重视程度不亚于结果公平。此外，新加坡管理大学（Singapore Management University）心理学教授大卫·陈（David Chan）写道，"在人们对他们的领袖的评价中，过程公平比结果公平更能预测结果"。

换句话说，如果学校必须让一群可能持怀疑态度的家庭提出广泛的意见，以支持让学校最大限度地提高学生的学业进步和福祉的政策，那么他们应该把重点放在过程公平上，因为大家不太可能对结果达成普遍共识。人们或许不同意最终决定，但认为你的决定过程是公平的，这要好过他们都同意结论，但可能没有理解或者不完全相信你的决策过程。

陈教授提出了几个过程公平的关键原则。首先他指出了所谓的"准确性"。决策是否基于合法的数据和信息？涉众意识到这一点了吗？我们可以称之为基于事实或研究。如果你打算在学校提出限制使用手机的建议，你不仅要分享原因，还要分享背后的研究，这样家长、学生和老师就会知道你做了功课，这个决定不仅仅是基于你个人的观点，这一点很重要。

他指出的过程公平的另一个原则是一致性。人们想知道规则和政策"在相似的情况下持续适用于不同的人和时间"。"声音"也很重要。陈说，决策过程必须为人们提供发言和影响结果的机会，但有机会影响结果并不意味着能够决定结果。这意味着在做出决定之前，你有机会以真诚和开放的态度表达自己的意见。

最后，他指出，"如果程序符合价值观，并反映了相关人员的关切，则更有可能被视为公平"。当然，很难预测个人给学校这样的组织带来的价值，但你可以构建出你认为你的学校所代表的特定价值，并介绍它们。你可以强调原因：这是我们正在努力实现的。这就是我们努力实现这一目标的原因。这些是我们作为一个社区所珍视的东西。

在引言中，我们描述了德纳留斯与学生举行的一次会议，他在会上认真倾听，并表明他是根据数据和学生的长期福祉做出决定的。在这样做的过程中，他对学生说"不"，但他强调了出发点是为了学生的利益，所以用说"不"这个表达可能不太恰当。有几个人同意他的决定。更多的人理解这个决定，即使他们并不赞成。但他们都觉得自己很重要，被重视，被倾听。在不同意校长意见的过程中，他们变得更有联系，更有归属感。对我们来说，这是一所经营良好的学校的标志。

在观察了许多这样的学校之后，下面是我们重建信心的处方。

1. 真正地做好学校的核心工作。培养信任的一个关键方面是确保在教育的核心任务上是有效的。人们对运行良好、似乎有能力完成复杂协调任务的组织感到信任。不要在它和响应性文化之间做出选择。一所让学生有归属感却不让他们做好实现梦想的准备的学校是不符合标准的。另外，要记住，优秀的学术成绩是必要的，但它不是努力的全部内容。

2. 帮助人们感受到强烈的目标感。正如我们所希望的那样，我们是一群人。我们成功地形成了一个村庄——一群人因同处一地而联系在一起，分享对未来的清晰愿景，或者说，有一个共同的目标。因为某事简单并不意味着它很容易实现。在复杂的世界里，简单的目标也意味着巨大的付出。

对我们来说，教育的目的必须从共同追求学生求知开始，这里"共同"的部分很容易被忽视。一所优秀的学校或教室首先是一种重视学习的文化。学生的幸福是共同目标的第二个要素。拥有积极、乐观、感恩和利他主义品质的学校是心理健康的地方，追求美德——我们将在第4章讨论——也许是实现这一目标的最好方法。正如性格实验室（the Character Lab）创始人安杰拉·达克沃思（Angela Duckworth）所说，美德是"我们（能够）习惯性地去做的对他人和自己都有益的所有思维、感觉和行为方式"。一所学校不需要更多的事情。在一个复杂而充满挑战的世界里完成简单而重要的事情并非易事，设定更多的目标在带来更多好处的同时也会带来更多的分心。让每个人都专注于一两个关键的事情是非常困难的。

培养强烈的共同目标感的一个重要步骤是分享词汇。奥登（W. H. Auden）写道，语言是思想的母亲，而不是女仆。语言可以使一个事物成型。一所学校应该为它想要灌输的东西和它所寻求的目标建立一个共享的词汇表。这让学生和家长更容易理解这些内容。最终，理解并感受到与某个目标的联系不仅会让人们更快乐，也会让他们感到更紧密的联系，产生更多的信任（详见第4章）。

3. **关注过程**。在我们生活的世界里，我们很难想象出什么样的决定会得到所有人的同意。在最后一章中，我们将研究这对学校的选择可能意味着什么。与此同时，我们必须回到程序上来。人们必须感到决策过程是基于目的和数据的，是透明的，并考虑到了他们的声音。

个人与群体利益的最大化

我们以对人类进化史的最后观察作为结束。很可能我们早就以小而松散的家庭群体形式存在了，甚至在我们完全成为人类之前，可能就像今天其他灵长类动物的家庭群体一样。随着我们越来越协调，我们变得越来越社会化，这意味着更多的相互依赖和更大的群体。合作和多元主义的程度越深，生存的机会就越大。随着合作赋予那些实现合作的群体越来越多的优势，我们加倍努力，进化成生物学家所说的"全社会"——一种罕见的彼此间高度关联的状态，在这样的社会中一个物种的成员愿意为群体的利益做出牺牲，愿意帮助抚养彼此的孩子，愿意照顾老人。世界上还有其他的群居物种，蜜蜂是自我牺牲和协调的经典例子，但群居哺乳动物非常罕见。基本上就是我们和裸鼹鼠。我们是唯一的完全群居的灵长类动物。

在几十万年的时间里，我们形成了比单纯的群体联系更紧密的形态，我们称之为社会。社会是流动的，通常包括流动的群体和采猎者群体。你可能会在一个季节里和其他小支队组成一个小组，然后当猎物远走后，你也离开了小组，发展出子小组，直到第二年再与最初的小组汇合。

"组成小组，画画……从熟悉的伙伴关系中得到安慰和自豪，以及热情地捍卫一个群体以对抗敌对群体——这些都是人性的共性，因此也是文化的共性,"生物学家爱德华·威尔逊(Edward O. Wilson)写道,"人们必须有一个部落。在这个混乱的世界里,这给了他们一个除了自身和社会意义之外的名字。"我们的身份认同来自我们所在的群体和自己,有时前者甚至超过后者。

发展农业改变了这一切。这意味着你每天晚上的辛勤劳动都被扔在田地里,等着被人偷走。相互的义务和互惠对生存更加重要,但群体成员的灵活性和选择减少了。我们不能再迁移或离开一个我们不认同的群体。我们必须形成更稳定的社区:村庄。

这将互惠主义和社区的遗产转化为更固定的模式。你可能不喜欢你村子里的每一个人,但你们彼此需要,能够互相依靠。你可能不喜欢你的邻居,但当危险来临的时候,你也准备好要和他肩并肩地站在一起。这使得你们形成了一个村庄,也赋予了你身份认同。这个村庄是我们的生物历史和现代世界之间的桥梁。

我们认为村庄是学校的一个很好的比喻。我们不能随意来去,我们并不总是意见一致。然而,我们被捆绑在一起,必须愿意接受社会契约的条款,这使我们相互依赖,互惠互利。当多数人统治时,如果持不同意见的人愤怒离开,那么所有人就都输了。

最初的社会契约——留下并保护属于我们的东西、遇到危机时一起努力、制定规则使地方宜居——最终成为社会和所有机构的基础。在一个成功的村庄里,青少年开始接受要求,并感激因共同努力而得到的好处。他们逐渐认识到,与得到的好处相比,"要求"是微不足道的。也许他们会意识到,这些"要求"并不是一种负担,而是一种工具,使我们可以团结起来,实现个人和群体利益的最大化。

一个村庄最终是建立在互惠主义的基础上的，具体来说，正如罗伯特·帕特南在《独自打保龄球》一书中所描述的那样，"是建立在广义互惠上的"（帕特南对基欧汉的扩散互惠思想的称呼）。帕特南写道，有时"互惠是具体的：如果你为我做那件事，我就为你做这件事。然而，更有价值的是广义互惠规范。我会为你做这些事，不期待你有任何具体的回报，只满怀信心地期待将来会有人为我做些什么"。普遍的互惠——慷慨、无私、利他的行为——是归属的终极信息。它们加强了团队的力量，并提醒村里的每个人，他们属于某个有价值的东西，是其中的一部分。在许多方面，每个社区在其居民生活中创造的价值与它在创造广义互惠方面的成功程度相关。

第 2 章

技术如何影响连接

道格上高中是在20世纪80年代。这不仅让他成为团队中的"资深"成员（我们委婉的说法），还让他有了一些不同时代的故事可以讲述。下面这句话让他自己的孩子都瞠目结舌：

他和他的同学在高中时被允许抽烟。

事实上，不仅仅是允许，学校甚至或多或少为之提供了便利。学校里有一个学生吸烟区，里面有烟灰缸，而且它被标记在了学校的地图上。

毕竟，抽烟是合法的，一种常见的观点是，学校不应该限制抽烟。人们还认为青少年无论如何都会抽烟。为什么不给他们一个地方抽烟，这样校园里就不会到处都是烟头了？为什么不设置得方便一点，这样他们上课就不会迟到了？

这在现在听起来很疯狂，但当时美国政府认为，高中生是成年人，他们即将进入一个有烟草的世界。他们必须学会对香烟做出决定。管理部门的目标是教育学生独立思考。

但是他们在实践中并没有进行太多的教育。当时确实贴了一些呼吁大家做出明智决定的海报，偶尔放一放警示视频，但是我们都清楚这些东西能起多少作用。此外，就算老师应该"和学生讲讲烟草的事"，他们真的不知道该怎么做。偶尔会有人提醒学生不应该吸烟，但他们是来教数学、历史和艺术的。此外，他们中的许多人本身就是烟民。有几个老师偶尔允许学生向他们讨烟抽。从学生的角度来看，这为他们赢得了地位。学生们喜欢"像成年人一样被对待"。

总而言之，他们的论点是，不采取过于严厉的限制措施显然更好。吸烟区反映了学校对青少年自主权的接受和尊重。

至少他们是这么解释的。有可能他们只是不想制定抽烟的相关规则，因为他们不想做让青少年会厌恶的工作。青少年擅长在情感上让他们难以做出让他们讨厌的事情。也有可能他们没有想到，就算有一些人会违反规则，制订规则总是有益处的。

一直以来，每个人都知道关于烟的真相。抽烟对长期健康影响的数据是现成的，它已经存在好多年了。结果是更多的人成了烟民。不用说，他们为这个决定付出了很高的代价。

但回过头来看，这确实有点奇怪，学校竟然让人们如此容易地获得一种明显有害的产品，而这种产品是为了让青少年上瘾而设计的。而那些被所有人热切地称为"成年人"的十六七岁的孩子当然不是成年人，他们都是青少年。他们的前额叶皮层在近10年（25岁左右）后才能得到完全发育。这使得他们特别容易上瘾，因为他们正处于生命中受同龄人影响最大的时期，最有可能做出忽视危险和长期后果的决定。

当然，这些青少年希望被视为成年人。对那些可能带给他们额外自由的政策，比如在外面待到很晚，他们会格外大声地争取，但教育工作者真的应该看到其中的区别。不过令人震惊的是，他们竟然就由着学生来了。

正如你可能已经猜到的那样，这个故事并不是关于过去时代学校里的抽烟问题，而是想说明当今学校里手机和社交媒体的问题，主要是学校对这种对青少年如此有害和上瘾的东西的容忍。我们还希望指出，关于学校为什么不能或不应该限制手机的争论与道格的学校关于香烟的争论类似。教育工作者认为，学校不应该限制使用手机，因为这让青少年无法学会自己管理手机，因为规则不起作用，因为它没有像对待成年人一样对待青少年。

而且，可悲的是，就像当时的抽烟问题一样，有确凿的数据表明该产品的危险性，以及青少年特别容易受到它的伤害。当然，用抽烟来类比是有缺陷的。人们使用手机和社交媒体的方式与抽烟不同。手机在某些方面危害更大，而在其他方面危害更小。例如，手机更直接地破坏了学生学习的认知过程，而且影响面更广——绝对每个人都有一个，而且与香烟不同的是，学生们会在课堂上使用它们。Teacher Tapp应用是一款针对教师的每日调查应用，旨在更准确地衡量该领域的经验和意见。该应用最近在英国进行了一项调查，调查者询问教师们，仅在前一天，是否至少有一名学生未经允许在课堂上把手机拿了出来。在近4500名受访者中，三分之一的人给出了肯定的答案。一些老师称这种情况每天都会发生好几次。

但是手机也有明显的好处。我们在这里只是承认它们，而不是试图描述它们以一百种方式提供获取信息和促进交流的能力。值得注意的是，虽然我们不愿使用"好处"这个词，但这么多人吸烟确实是有一定原因的。其中最大的一个可能与本书的主题有关：在一个寒冷的早晨，人们穿着牛仔夹克站在一起抽烟时产生的归属感和同辈情谊。它让你成为一个群体的一部分——一个你愿意为此做出某些牺牲的群体。

显而易见的是，手机不是香烟，从应对两者的不同方式就可以看出它们的差异。但它也应该反映出这样一个事实：在我们的学校里，我们在容忍一种破坏性极强的产品，它被设计成使青少年上瘾的形式，分散他们的学习注意力。

　　那么，我们应该限制使用手机吗？是的，尽管学生的年龄也应该是限制程度的一个因素。在小学当然应该全面禁止。我们认为，中学或许应该"从头到尾"禁止使用手机，从第一次上课铃响到放学铃响期间禁止学生使用手机，但允许他们在放学后或放学前使用手机，比如告诉父母去哪里接他们。在高中，有一系列看似合理的解决方案是可能的，它们都比绝大多数学校现在的做法更具限制性。我们自己的建议是一个严格执行的规则，即在白天，它必须关闭电源，放在书包里（而不是口袋里），除非是在指定的区域，学生可以短暂地去那里，并在有限的时间内与父母联系。学校其他地方应该禁止使用手机。稍微激进一点的立场是：我们不应该在白天看到他们拿着手机，我们认为学生们会在放学前后根据需要给父母发短信。（你可以允许他们在紧急情况下发短信。）我们很乐意看到这种情况，但也要认识到，对一些学校来说，挑战可能是令人望而却步的。不管怎样，在一个致力于促进学生学习和培养学生健全人格的机构中，允许使用手机（当我们让青少年上瘾时，就说我们把他们当作成年人对待）不是一个可行的政策。

　　我们再次注意到，限制青少年不想被限制的东西是一项困难的工作。许多青少年一开始不会喜欢它，尽管我们认为，从长远来看，许多人可能会看到好处。一些家长和老师会反对。一旦制定了政策，仍然会有老师选择通过让学生打破规则来提高自己的地位（可能就是在道格那个时代可以借给你一支烟的老师）。

这并不容易。但我们的学生要求学校将他们与同龄人联系起来，支持他们的心理健康，并解决疫情造成的历史性学术损失。希望一次性解决这么多严峻挑战的学校必须接受限制智能手机的必要性。

硬币的两面：辩证地看待技术的影响

我们先暂停一下对立场的论述。虽然本章的大部分内容分享了如何以及为什么要对智能手机采取强硬的、限制性的立场，但我们也试图从更广的视角就技术所扮演的角色进行平衡的、正反两面的论证。自疫情以来，这种平衡发生了变化。它带来了一些变化，这些变化对于帮助学校成功应对我们面临的巨大挑战至关重要。在这里，我们再次接受珍·特温格的指导。多年来，她一直在通过详细的调查工具追踪社交行为模式发展和青少年的行为模式变化并看到了一定的发展趋势。尽管她描述了智能手机流行导致的一波抑郁和焦虑，但她也指出，我们有必要把任何问题都视为复杂的。她的研究描述了普遍使用手机的积极和消极影响——既增加了青少年的孤独感，也带来了一些好处，例如，青少年怀孕和车祸死亡人数大幅减少。她写道："人类有一种自然的倾向，将事物划分为全好或全坏，但随着文化的变化，我们最好能看到灰色地带和权衡。"

因此，我们打算提出一个尽可能平衡的论点——一个谈论灰色地带和权衡的论点。在疫情期间对新技术工具的进一步熟悉和更广泛的接纳可以使学校受益。此外，智能手机和社交媒体不会消失。一本主张我们应该把时钟拨回到过去的书是一本幻想的作品。在现实世界中，问题是：我们如何才能最大限度地发挥渗透在我们生活中的技术的好处，同时减轻不利因素并将成本降至最低？

一个贯穿整个社会的复杂的社会趋势必然是有多面性的。除了限制，我们还需要有更多的应对措施。因此，除了主张学校必须拿出意志和毅力，通过限制手机来保护青少年的福祉之外，我们还将从研究技术如何帮助应对挑战、建立社区和联系开始。

如何利用技术建立社区与连接

术语"网络效应"描述了一项技术在被广泛使用时，其价值和效用呈指数级增长的方式。当一件东西只被少数人使用时，它没有什么用处，但当每个人都开始使用它时，它就会开始改变游戏规则。在20世纪90年代，只有少数人拥有传真机，现存的传真机只在一小群古怪的早期使用者中使用。突然有一天，它跨过了一道门槛。传真变得普遍起来。几乎每个企业都有一个。人们为家里买了传真机——它们是必不可少的。传真机和笔记本电脑都内置了传真功能。使用它的人越多，它（短暂地）就变得越有价值。突然之间，你必须拥有传真功能来进行交流：这是网络效应的一个案例研究。

这次疫情带来的一线生机是它为各种技术应用带来的网络效应，最重要的是视频会议。在2020年之前，只有少数人知道如何使用它。在几周的时间里，基本上每个人都学会了。突然间，Zoom①从默默无闻的软件摇身一变成了热门应用。现在你可以预估Zoom的使用情况，这是一个相当重要的变化。

---

① Zoom是一款多人云视频会议软件。

需要明确的是——并不是出于对Zoom、Teams①和谷歌Meet②的贬低，相反它们在疫情期间是天赐之物——但我们希望永远不再需要使用它们来代替亲自教学，但我们仍可以通过使用它们的通用形式，来发挥在减少会议障碍方面的效用。这使得家长更容易参与进来，使学生更容易与老师和课外资源建立联系，并使缺课变得不那么麻烦。

家长会是有效教育的关键，无论是在复数形式下（小组会议）还是单数形式下（与一位或几位家长讨论）。让"面对面"的会面更容易，这意味着更容易分享信息，更容易获得信任和反馈。我们可以交流文化和价值观，同样重要的是，在讨论做事过程上投入时间。"事情是这样运作的。这就是我们为什么要这么做。"这些讨论在Zoom上比使用简报或其他方式更好。例如，它允许我们有意或无意地征求反馈。在学校所获信任度和信心都很低的时候，这一点尤其重要。

在上一章中，我们谈到了过程公平与结果公平同样重要。我们需要设计有目的性的文化并制定规则——可能是具有挑战性的规则，比如那些限制学生在校使用手机的规则——在制度信任处于最低水平的时候。使用Zoom（以及为那些不能参加会议的人记录会议）使过程公平更容易实现。一个告诉人们原因的过程，让人们即使在意见不一致时也感到被倾听和被理解，这对于建立和确保信任和信誉至关重要。减少会议的交易成本，上述情况就会发生，这对学校领导和家庭来说是一个巨大的好处。

要想与家长进行面对面的会谈，其最大的挑战是找到双方都可以的时间，学校体验过将会议转移到网络上后，他们倾向于在之后继续保持这

---

① Teams是由微软推出的一款基于聊天的智能团队协作工具。

② Meet是由谷歌推出的专为企业打造的视频会议工具。

种方式。采用这种方式后父母的出勤率通常较高，因为去到学校的成本较低。在德纳留斯的学校里，你可以观察人们在典型会议上的联系方式，你会看到他们在家里带着小孩，有时他们会在工作时登录。家长可以在优步（Uber）打车后或从地铁步行回家的途中接听电话。大多数情况下，父母本来是无法参加的。这并不是说学校不应该开家长会。我们的经验法则之一是，远程会议的价值通常与家长来到学校大楼，与我们面对面会面的频率成正比。所以混合设置是理想的。如果我们必须做出选择，我们宁愿所有的父母都和我们一起度过他们生活中忙碌的时刻。

通过Zoom开会也意味着我们可以为那些无法参加的人录制和分享视频。这在年初制定政策时尤其重要。老师或学校领导可以按照他想要的方式来制定。如果人们因故没有参加，他们依然可以了解整个内容。这意味着你可以更生动地论述你的立场（这就是我们这样布置家庭作业的原因；以下是我们限制使用手机的原因；以及如果你的孩子违反了这一规则会发生什么），充分利用图表、讨论发表你的意见。"它让我们能够分享我们的愿景、政策和期望，也能评判我们的输入和获得的反馈，"一位学校领导告诉我们，"这是我们第一次有机会建立与家长的信任，并向家长和各个家庭承诺，我们的教学课程既严谨又快乐，同时也解释了为实现这一承诺我们对他们的要求。"你可以以书面的方式呈现这些内容，但从学校直接听到它总是会给家长不一样的感受。

家长了解学校的入口

非凡学校（Uncommon Schools）的高级主任兼学校支持部门高级主任乔迪·琼斯指出，家长们"在应对疫情时有自己的情绪和挑战"。很多时候他们会说："我现在不能去见你。我必须处理这件事，我得处理那件事。"这一直是一个挑战，但现在的挑战更大了，因为他们有很多事情要做。当我们能让家长会变得更简单时，我们就能更频繁地得到"是，我可以"的回答。Zoom这样的会议软件可以为一对一的家长会议做到这一点，这不是一件小事。

对于父母来说，在学校开会的交易成本通常很高——从工作单位开车到学校，再加上安排照顾孩子以及工作问题，这可能会花费父母两到三个小时的时间——更不用说请假后的工资损失了。如果学校可以花30分钟的时间在屏幕上向忙碌的家长展示孩子的作业，他们就可以在更方便的时间（对家长、教师或管理人员都是如此，他们也可以在其他地点见面）更容易、更频繁地见面，这就建立了良好的意愿，确保了一致和理解。我们不需要等到事情真的很糟糕的时候才去开会。我们可以为家长提供15分钟的电话，让他们预览将要教学的单元，并录制视频，以便家长随时观看。所有这些都意味着更容易推出信息和建立透明度——这是关键的组织目标。

我们从纳什维尔非常成功的目的预备学校（Purpose Prep）的校长拉格拉·纽曼（Lagra Newman）那里了解到学校传播信息和强调透明度的另一种方式。在疫情期间，纽曼决定在白天为家长提供学校的脸书（Facebook）直播之旅。她——后来由工作人员——拿起手机，在学校里走来走去，开着摄像头参观教室。这传达的信息是：我们想让你知道这里发生了什么。这很重要，我们会尽我们最大的努力为您提供方便。对父母来说，这是一份多么好的礼物啊，他们不用请假赶来学校就能看到孩子在做什么，老师在学校里是什么样子的。建立透明度的交易成本以及由此产生接受和理解的成本大大降低了。

家长们在纽曼之旅中所获得的内容对学校本身和家长们一样有价值。

例如，你很难不注意到，目的预备学校的课堂是多么快乐，多么有序和富有成效，当纽曼从这间教室走到另一间教室时，它们是多么一致。突然间，家长们看到并感受到了学校为什么这样做，以及结果是什么。他们有明确的文化和方法。如果我是一名家长，你打电话给我说我的孩子在课堂上遇到了问题（也许她在课堂上大声喊出声），我突然有了一些超越我自己在学校的经历的背景（也许当时学生在课堂上大声喊出来是正常的），来理解为什么不断地大声喊出来可能是一个问题，以及它有多不正常。我还能看到学校经营得很好——它在与家长的社会契约中所带来的好处是值得为之努力的。

推出这样的信息会让父母感到受欢迎和被重视，从而建立对机构的信心。它帮助家长理解并与学校的愿景和优先事项保持一致。眼见为实，即使不相信，至少也是理解。这可以让人们注意到在第一节课上有多少集体的回应，文化有多集中，学生之间有多少眼神交流，以及校园生活有多少快乐、能量和知识。你可以看到并感受到这种热情！例如，之前有家长对要求学生录制家长会视频持保留态度，但当他们看到和感受到校园中的文化后，他们更能理解为什么这样做可以建立联系，凝聚社区。

这是加倍重要的，因为正如一位学校领导告诉我们的那样，在疫情之后，大多数父母从未踏足这栋楼。他们对这个地方和它的节奏完全没有感觉。这意味着，当他们进行对话时，他们对事情如何运作和典型情况的了解要少得多。如果一个家长对学校有一个良好的认识模型，对学校的外观和感觉有一个良好的认识模型，那么与这样的家长的每一次谈话都已经提前走了10步远了。

关于这个视频的另一些关键点包括：

1. 它是直播！注意，这不是预先录制的。正如我们提到的，这让它感觉特别真实和透明，而且更个性化。一开始，纽曼每看到一个家长登录时，她就会叫出他们的名字，这也巩固了他们之间的联系。当人们感到被关注时，他们会觉得自己受到重视。如果事先录好，这类活动仍然是可能的，但在联系方面就没有那么有效了。

2. 家长可以看到自己孩子的教室，也可以看到其他孩子的教室。这再次证明了学校的方法是多么的一致：他们有一个模板。纽曼甚至在视频中解释了为什么确保所有二年级学生在学习同样的东西非常重要。如果我是家长，现在我更清楚地看到为什么有全校范围的政策。但作为一个二年级的家长，我也能看到三年级和四年级的情况。我看到了学生们将来要做的所有事情，他们现在正在为之做准备。当学校要求学生做更有挑战的事时——写更多的东西，阅读复杂的文本——家长们就更能理解其合理性，因为他们能非常具体地看到未来会发生什么。

3. 它提供了文化存在的证据。本书的几位合著作者都通过使用"参观教室"的方法帮助了那些行为没有达到预期的学生。"登录进来，让我们一起看30分钟您孩子的课堂。"当父母开始观察时，他们会看到教室里的规范，他们可以看到置于班级环境中的孩子。有时候，如果父母出现在教室里，孩子就会坐立不安。家长和校领导可以通过观察收集数据，分享观察结果，并讨论下一步的步骤。诚然，有时当父母在的时候，孩子就会做出完美的表现。这表明如果孩子愿意，他是有能力达到学校的期望的。现在我们知道他可以做到，这是一个重要的时刻，因为许多父母只了解自己孩子的情况（不了解其他孩子）。当然，他们有时会怀疑他们的孩子是否能成功达到学校的期望。当看到自己的孩子这样做，其他的孩子也这样做时，他们就会确信他们可以做到。这种一致性、支持和对他们会成功的信念是这个谜题的关键。

视频中最好的部分之一是，几乎每个学生都在读书并对学校规范做出适当的反应。如果有一个学生具有破坏性，纽曼就可以与家长进行对话，让他们更清楚地明白，破坏性是不正常的。

事实证明，这个视频只是一个起点。脸书直播非常成功，纽曼和她的同事们甚至在家长们恢复进入学校后还继续进行直播。这使他们更容易保持联系。每个参加会议的家长都觉得他们与老师的联系更清晰了。对教师来说，随后的每一次谈话都是与他们又熟悉了一些，也是更了解学校的人进行后续交流。与父母联系很重要，欢迎他们"进入"学校，即使是虚拟的，这也是建立信念和信任的好方法。

顺便说一句，某种程度上说学校有责任制作这样的视频。只有当学校文化强大而积极，学生们全神贯注时，它才有积极效果。如果家长们看到的是自己的孩子在混乱的课堂中上课，那他们当然会不高兴。提高透明度，也可以帮助学校集中精力实现自己的承诺。

提供更好的学习体验

疫情期间的技术进步也使学生更容易在课外获得资源。如果老师能够提供线上的下午办公时间，这对学生来说就更方便。考试前的学习环节是一个很好的利用Zoom的机会，可以替代之前在教室里进行辅导的方式。降低交易成本——使参加此类活动变得更容易——将使一些学生更有可能参加。

教师还可以分享非同步的学习材料，以帮助学生提高学习水平。如果他们在某些内容上有困难，他们可以自学以赶上进度，或者如果他们缺课了，也可以通过自学来避免被落下。Quizlet、Kahoot和其他测试类平台也经历了与Zoom类似的网络效应，因而学生对它们也非常熟悉，这使得用于复习的关键性学习工具变得更加灵活。从学术和幸福的角度来看，这都是有益的。如果一个学生因为学习落后并且几乎无法赶上他人而感到无望，那么他就非常有可能与教室社区迅速脱节，他也几乎没有机会进行有意义的融入，也无法巩固与同伴的联系。在孤独中挣扎了足够长的时间后，他很可能就会开始在敌对班级、抗拒社区规范的群体中寻找盟友。

在疫情后的世界中，缺勤事件将更频繁、时间更长，缺勤后的返校可能会让人感到不习惯。一周的缺课可能会导致学生远远被落下，他们可能很难再赶上进度。但技术可以提供帮助。乔迪·琼斯观察到："在新冠疫情之前，如果你有一个缺席的学生，你必须等他们回来，老师们必须设法把作业交给他们。""但现在，当学生缺席时，很容易就可以把他们的作业在线上发布出来，让他们知道发生了什么。"她指出，通常情况下，他们回到学校后就已经赶上了进度，而且能更快地积极投入到课程中。

在疫情期间，纽约公园东高中（Park East High School）的管理人员设计了大量非同步时间的课程表，以解决Zoom使用疲劳的问题。这让数学老师劳伦·布雷迪开始思考如何利用她不在教室的时间来帮助她的学生。她开始将课堂视频编辑成浓缩版，以便学生们复习。

现在疫情已经结束，她继续拍摄视频。她把自己在录屏工具Screen-castify上的课程重新录制做成10—12分钟的视频：就类似于一场大型比赛的精彩回放。她将视频上传到Edpuzzle[①]，并在其中穿插各种问题。结果是

---

① Edpuzzle允许教师通过在视频中添加问题和音频来轻松定制视频，从而制作更具吸引力的视频课程。

她得到了一个高质量的复习工具，缺课的学生可以使用，以确保他们不会落后。但是那些学习困难的学生也会用它们来复习和赶上进度。只要学生复习了一定数量的视频课程，布雷迪就会允许他们重新参加代数或大学预修统计学课程的所有测验。

布雷迪发现这带来了两点意想不到的价值。她说，"有时浓缩课程更好"，原因有二。她的视频课程包括一些解决这个问题的多项选择题，但也有开放式的思考问题（你的假设是什么？你是如何推导出来的？为什么？）。在一个典型的课程中，即使一个学生做了所有的问题，也可能无法回答所有"思考问题"。也许他们会举手回答一次，也许他们会模糊地思考更多的问题。而在视频学习中，当她抛出问题时，学生可以暂停视频，现在，"每个学生可以回答每一个问题，"她说，"这是一个很大的优势。"

她还注意到了可以被节约的课堂时间——比如她重复观点时，她与学生讨论相关度不高的话题时。通过在视频回放中观察学生的眼神也可以帮助她更深入地思考她的教学质量。

复习视频的作用是补充课程，而不是取代它。它们之所以有效，是因为它们充分利用了已存在的布雷迪与学生的联系，且它们完全适配她的测验和课程。它们建立和扩大了她在课堂上做的事情，但它们不能作为替代品。然而，它们是一个很好的方法，可以使缺课的成本大大降低。虽然制作它们很耗时，但它们可以循环使用。"我花了很多时间来制作它们，但明年我教的大部分课程也会用到它们。"学生在未来缺课时"错过"的将远远少于一节课。她还指出，与其他教授相同主题的教师合作很容易，可以通过轮换做视频来减少工作量。

通过同步和非同步技术提供更好的学术支持，可以让学生在校外更有归属感。技术也可以支持本书的另一个主题：确保学生感到被关注的重要性。纽瓦克和纽约市非凡学校负责中学的助理督学埃里克·戴蒙（Eric Diamon）指出，疫情结束回归校园后，找到"机会去关注并为学生们庆贺"变得加倍重要。通过使用技术手段发布并庆祝学生工作，这将大大扩展我们可触及的范围，进而带来更大范围的积极文化建设，收获更大的情感好处。与其只是把十个学生的优秀作品贴在墙上，让他们觉得自己的努力很重要，还不如把他们的作品贴在网上，让数百人都能看到。学生所在的家庭也可以与在其他城市的亲戚共享。戴蒙指出，在发布学生作业时加入一点科技元素，可以"为学生建立一些真正强大的关系——让他们知道老师会赞美他们"。

如何管理技术的不利影响

因此，有很多方法可以帮助学校完成它们的使命——在家庭中扩大对其平台的熟悉程度。但学校也必须认识到技术是一把双刃剑，所以我们再次回到限制的话题——现在深入研究"如何"和"为什么"。

除非有一些令人信服的（而且是罕见的！）原因，在教学期间手机不应该出现在教室里。手机在多大程度上受到限制则有待商榷。最简单的解决方案似乎是："课堂上禁止使用手机，但你可以在课后使用。"但现实可能没那么简单。对于学生来说，在课堂之外不使用手机也会带来巨大的好处，这可以使他们的社交互动最大化。同样重要的是要意识到，课间使用手机意味着学生们会在课堂上思考他们在课前课后发布、分享的内容（或与他们有关的帖子内容）。例如，Teacher Tapp应用的调查发现，相比较于全面禁止使用手机的学校，在允许学生在某些时候带手机的学校中，学生们更有可能在课堂上拿出手机。

但问题的范围更广。当青少年总是带着手机，或者当周围的人在使用手机，或者手机在他们能看到的地方吸引着他们的注意力时，手机就会影响他们的行为。

换句话说，学生可以在学校查看手机的时间应该是例外而不是规则。"在学校不使用电话"的普遍期望越高，这个规则就越持久和清晰，学生也更容易养成这个习惯。这意味着学生们要养成新的习惯，即进行更多的联系和社交互动，并且锻炼自己进行更专注、集中的思考。如果规则缺乏一致性——如果它会根据你在教学楼里不同的位置而改变，如果你让每个老师来决定规则——那么每一次执行它都将是一场战斗。大家不会把这个规则放在眼里，因为它的执行非常的"个人化"。在这样的情况下想要落实这个规则几乎是不可能的。一个"灵活"的系统——教师每次都需要宣布对手机的禁令（"好了，今天上课不许使用手机"或者"我知道我有时候会允许你们用手机，但今天我要求你们都保持手机关机"）——只会导致那些做了正确事情的人更加不满，而且这会导致课堂的前10分钟几乎什么也做不了，全部花费在学生一边抱怨一边慢悠悠地收手机上了。这必然会引起不满。困难如此巨大，收效可能仅是半小时的"无手机"课堂，坦白地说，大多数老师都不会选择这样的做法。

最好是在全校范围内制定一项统一的政策："我们上课从不把手机拿出来"或者"白天上课期间我们不允许把手机拿出来"。是的，学生们一开始可能会争论。但是这种巨大的交易成本只会发生一次，人们会习惯它，然后你就能够拥有一整年的高质量教学，并由此引导大家形成社区。

我们注意到，规定与限制是不同的。规定的表述可能是：你只能以以下方式或在以下情况下使用手机。而限制的表述则是：在以下时间内，你不能使用手机，请保持手机关机。限制的范围要多广？这是一个好问题。可能你想允许学生在一天中某些非上课时间段使用手机，这是合理的。这个问题的正确答案可能至少与学生的年龄有关。对于小学来说，全面禁止是理所当然的事情。规则应该是："白天在校期间禁止使用手机。"我们倾向于认为中学也是如此。但学生可能想在午餐结束或放学后的10分钟里，拿出手机和父母沟通一下课后活动的时间、回家的方式，这并不是没有道理的。但要记住，小的特例可能变成大的特例。10分钟变成了20分钟。可能有学生会说，在那10分钟期间他有事无法打电话，现在想要打一个电话。另一个学生说他有紧急情况必须打一个电话。这样的话对规则的理解就开始不一致了。看起来规则灵活性越大越容易实施，但事实恰恰相反，画下清晰、醒目的警戒线才是最好的方法。到目前为止，高中是最棘手、最具挑战性的。整幢楼里都是期望并应该拥有一定自主权的、马上要成年的人，但他们最有可能产生强烈的依赖性，也最有可能使用可能引发同龄人焦虑的社交媒体平台。所以，对高中生来说可以允许有一些灵活性，但是如果这种"自由"会降低他们接受的教育的质量，或者破坏创建社区的氛围，那这样的"自由"是不能被接受的。

直面手机挑战

德纳留斯目前是一所高中的校长，我们请他谈一谈在针对青少年制定和实施手机使用限制方面的现实和挑战。以下是他的想法：

现在，手机（以及所有的科技设备，包括智能手表和耳机）在上学期间是不能被看见或听到的。如果这种情况发生了，这些设备将被没收，直至这一天结束。在学生陆续到校时，会有一个学校工作人员要求检查学生的手机是否已经关机并存放在背包里。然而，这个措施的实施并不牢靠。有时候，分配到校门口的工作人员可能没有检查手机是否已关机。有时候，学生们在上楼时，会在楼梯间把手机重新开机，所以我们需要更加敏锐。我们规定学校里的成年人如果看到有学生使用手机就应立即没收。大多数人做得都不错，在某种程度上，我认为这是因为他们相信其他人也在这么做。员工之间需要相互信任，这样才能落实好这个政策，否则就是行不通的。

即便如此，我相信很多学生在白天都开着手机，在我们看不到的时候使用。当他们这样做的时候，其实就是在说他们已经权衡过并选择接受被发现的后果了。也许这不是全无道理。如果他们使用手机被发现了，后果就是他们在这一天剩下的时间里都不能用手机并可以在下课的时候拿回手机，但他们本来就不应该用手机，所以对他们来说损失并不大。这是我可能会和他们讨论的事情，这样即使将来我们加大了惩罚力度，他们也能明白其中的原因。无论如何，我所做的关于科技设备的决定是我们经常谈论的事情——无论是在我特意召集来听取学生意见的小组中，还是在个人谈话中。当要落实一项要求他们做出很大行为改变的政策时，始终保持沟通是特别重要的。当我们有不同意见时，我们最应该倾听青少年的意见。

回想这一年，我没收了很多手机，学生们几乎没有反对。我不会针对个人，也不会生气。你知道规矩，你知道我在乎你，你也知道后果。如果你始终如一，孩子们其实就能理解。

当我向孩子们提出我们应该如何对待手机的问题时，我们的交流让我相信，他们实际上可以接受某种形式的限制，只要他们反过来有一个可以查看手机的受保护的时间，频率可以设在一天一两次。似乎当我们可以承认他们所面临的现实时，他们按照政策行动的意愿反而会加强：即他们深深依赖甚至可能依附于科技和手机；没有手机的生活似乎难以为继，虽然也有不少人是相反的体验。所以我们在做明年的计划时也考虑了这个想法。他们想要被理解，想要知道我们在做决定时考虑了他们的想法和观点。如果我们的目标是孩子们不使用手机，并与我们社区的人建立有意义的联系，我们必须以一些优雅的方式迎接挑战——也就是说，在白天的个别时间里允许使用手机，即部分限制。但是，要掌握好平衡，想想如果学生依旧打破政策，我们该怎么做。比如我们已经允许学生在午餐时间和自习时间使用手机，但他们仍然违反了规定，那么也许请他们的父母来一下学校也是一个公平的做法。我将把这个问题留到下次与孩子、老师和工作人员的对话中。无论政策如何，所有利益相关者都有机会分享，我们也会倾听。然后我们再做一个有希望能落地的决策。

在我们继续之前，让我们停下来注意一下，限制在学校使用手机的规定通常很简单，但执行起来却不是。之所以很难推行这些政策至少有三个原因。

首先，一些员工有很大的动机不去做强制执行者，而去做一个视而不见的老师。教师可能会屈服于受人喜爱的诱惑（我们认为他们只会获得短暂的赞赏）。他们可能不喜欢冲突。他们可能不相信这项政策，而倾向于颠覆它。不管是什么原因，你可以确信有人会不同意，因此该政策将考验组织的文化。理想情况下，我们公开、坦率地讨论政策，但一旦做出决定，每个人都应支持它。你从老师那里得到的执行程度在很大程度上是对你整个推行过程的测试。员工应该感到自己的意见得到了倾听和尊重，就像他们对如何完成工作的细节贡献了自己的见解，即便政策与他们自己可能选择的政策不同。而困难的任务——告诉学生他们必须把手机收起来，当你看到学生的手机时就把它们拿走——正是最有可能揭露组织健康状况的裂痕。一所学校的领导层必须为不同意见做好准备。

其次，学生在心理上依赖他们的手机。他们不会想要放弃，即使在很多层面上他们知道他们应该放弃。我们采访过的一位老师告诉我们，他们学校的学生接受了调查，绝大多数人都认为手机不利于学习。他们一致认为白天没有它会过得更好。但他们抵制由此产生的政策。因为，嗯，他们想要自己的手机。有心理依赖的人不会仅仅因为知道这样对自己有好处就改变自己的行为。也许不只是人们有心理依赖或坏习惯。正如大卫·休谟所言，"理性是激情的奴隶"。用逻辑来证明而不是决定我们想要什么是人之常情，这在青少年中尤其如此。极具讽刺意味的是，一旦实施了限制，许多学生发现他们更快乐了。就像在很多情况下一样，青少年需要成年人帮助他们做出改变，最终，他们会理解并感激这种改变。

最后，限制措施难以执行的第三个原因是第二个原因的实际后果。孩子们其实很聪明，而且如果有外在刺激，他们会更聪明。这使得执行变得困难，特别是因为青少年通常比成年人更擅长科技。一种常见的限制访问的方法是让学生在早上或上课前把手机交到某个地方。几位使用这种方法的同事警告我们，学生们会带上额外的"一次性"手机上交，而保留真正的手机，或者说他们把手机落在家里了，没有手机可以上交。学生们将会非常积极地保留他们的手机。有些人自然会自豪地证明，任何限制制度，尤其是由学校实施的限制制度，都是可以规避的。这很正常也很自然。我们作者中的几位承认他们乐于去证明学校规则是可以被落实的，无论是什么样的规定。毫无疑问，为了我们所服务和关心的青少年，我们希望今天要继续执行一些规定，虽然我们曾在过去打破了类似的一些规则。

收手机也带来了几个具有挑战性的后续协调问题。它们将被保存在哪里？你如何识别每一部手机和它的主人？当有人说他们的手机不见了，你会怎么做？因此，虽然我们认为收手机是可行的，虽然学校不能确保所有员工都能可靠和持续地跟进，但我们通常认为，花时间和精力去执行"我绝不能看到它，如果我看到了，它就会被没收"的政策是一个更好的选择。但是，尽管学校必须确保在跟进和监控方面非常勤奋，但没有必要找到每一部手机。（注意：不要告诉青少年这些！）我们这么说，因为肯定会有老师指出来："我们不可能抓到每一个使小聪明的孩子，所以没有必要这样。"正如在"直面手机挑战"中德纳留斯所观察到的，他意识到一些学生可能作弊的时间和方式。他很注意，但也很维护平衡。他知道重要的是整体文化。如果每50名学生中就有一名偷偷溜到一个偏僻的厕所隔间里看手机，他的个人胜利就标志着学校文化达到要求了。它使教室空间更加安全，使学生可以集中注意力和保持健康。偶尔的例外，尤其是当学生们竭尽全力绕过检测时，就证明了这一规则的存在。它告诉你这个系统基本上是正常工作的。你要注意的是当一群学生不试图隐藏他们使用手机的行为时。所以就让他们去用卫生间的隔间吧！

艰巨但可行的任务

尽管面临挑战，英国、法国和澳大利亚部分地区的数千所学校，甚至美国的一些学校都成功地甚至愉快地限制了手机的使用。我们的一位合著者最近发了关于这个话题的推文（是的，我们意识到使用社交媒体来做这件事的讽刺意味），回复很有启发性。事实上，它们读起来相当不错（偶尔还会加上一些观察）：

1. 在我们学校，我们会使用Yondr口袋（有效锁住手机的设计）。然而他们很聪明。是的，学生可以把它们撬开。是的，有时学生不会把手机锁起来，但总的来说，这已经改变了学校。社交时间是用来和朋友聊天的。

2. 我所在的上一所学校的每个教室都有（手机上交）托盘。手机在登记时被放入，并在一天结束时被收回。

3. 我们是一所没有手机的学校，学生们的包里或外套里都有手机，但我们看不到手机。如果让我们看到了，我们就会没收，学生也会受到处罚。

4. 我们的学生会把手机交上来。它们被保存在每个教室的保险箱里。我无法解释它对他们的学习环境和社会交往的影响。

5. 我们没有"禁止"手机，但学生在学校时不允许从口袋里拿出它们。就像任何事情一样，所有教职员工都一致执行这一规定，这导致了一种伟大的文化，学生们真的很尊重这一点！

这些帖子反映了我们试图强调的一些关键主题：一致性是关键；学校文化的变化通常是迅速而惊人的；您可能永远无法实现完美的遵从性这一事实并不是不使用手机限制规定的理由。他们还展示了限制政策的基本选项：学生把手机集中交给学校暂管；学生把手机交给每节课的老师；学生可以随身携带手机，但必须遵守"看到会被拿走"的规定。

6. 我们学校有禁止使用手机的规定。高年级的高中生有一个指定的区域，他们可以在那里使用手机。中学生必须关机并收好。第一次发现手机，我们会礼貌地要求他们收好；再次发现或屡教不改者，我们会请家长代收手机。

7. 我们学校严格执行了禁令，结果是我们看到了在休息、午餐和课余时间学生们充满友爱的交流和眼神互动。不过放学后，他们一样对他们的手机欲罢不能。但至少，他们在一天中有一段时间是远离手机的。家长们对此觉得很不错。

8. 我的学校不准用手机。我们有一个"看到或听到就收走"的政策。非常偶尔地，我们会发现拿着手机的学生，那么我们就会要求他们交出手机，并请他们的家长放学后来学校取走手机。目前这个方法是奏效的。

9. 关键在于教职工。如果我们发现了（手机），我们就要没收。自始至终的、一致的执行是关键。不能想着当"老好人"。

10. 所有手机必须一直放在背包里。如果我看到了手机，我就会没收，写好情况记录函。处罚的结果根据情况记录函的数量多少而定。如果是第一次，那就警告，并且没收手机直至放学。

11. 禁止使用手机。在白天必须关掉手机。如果被发现，就要罚留堂45分钟。清晰、一致和沟通是关键！

12. （工作人员）在每天开始的时候从学生那里收集手机，并在他们离开学校之前归还。手机如果不上交，将被没收两周。这个系统运行得很好，我们很少需要没收任何东西。

这些评论展示了执行规则的各种方法的细节。在某些情况下，如果手机在禁止使用期间内被看到，它就会被收走。这对学生来说没有任何"后果"，只是手机稍后会被归还——有时会很晚——或者只归还给家长。最后一步可能非常有效，但是，正如我们稍后讨论的那样，当父母被仔细告知并参与政策时，这是最有用的。例如，在其他案例中，有时是初犯，有时是多次违规后。评论6和11分享了另一个我们已经听过很多次的关键细节：仅仅让学生把手机收起来是不够的，而是要关机然后收起来。否则学生很容易在眨眼之间拿出来再藏起来。评论6为不同的政策提供了一些想法：年龄较大的学生有一个指定的、有范围限制的地方，他们可以在那里使用手机。我们也喜欢注重礼貌沟通与询问的细节。评论7是一个很好的例子，它说明了当父母被告知原因时，他们实际上会支持这种改变。评论8展示了一个经过深思熟虑的帮助推行这个政策的方法。我们反复听到评论12的主题：当政策清晰和一致时，学生适应得很快，负面后果很少。

13. 我们允许在室外打电话，但不允许在室内打电话。通过明确电话可以使用的时间，我们从根源上降低了学生欺骗老师的概率。

14. 多年来我们一直实行"不能看到手机"的政策，而且运行得非常成功。这个政策一经实施，你几乎就看不到手机了。和学生解释清楚政策背后的原因，做好没收手机和再次发现就加大惩处的准备工作。

15. 这是澳大利亚所有维多利亚州政府学校的政策。从上学到放学期间，不允许使用手机。许多学生说，政策开始实施后，他们反而松了一口气。

16. 我儿子的学校没有留任何余地。手机必须放在储物柜里。如果你用手机被发现了，手机就会被没收，学生要留堂。简单、明确、有效。

17. 我孩子的中学不准用手机。你必须在早上把它们交到你的班主任那里，直到下课你才能拿回来。所有的孩子都服从了。

18. 我以前教书的学校禁止在校园里使用手机，就这样。家长和学生必须在开学时签署一份文件，同意将其没收，如被没收要由家长来签字才能领回。这实际上非常有效。

这些评论显示出了一些关键点。首先，清晰和一致性是非常重要的，只有这样学生才能迅速反应。其次，争取家长的参与和与他们沟通有很大益处。当人们理解了原因，他们就更有可能支持一项计划。这个观点放在学生和老师身上大概也一样。如果他们了解了背后的道理，他们也会更有可能支持它（稍后会对此进行阐述）。评论13是另一个例子，为学生提供了一个具体但明确限定的地方，让他们可以去那里看手机。来自澳大利亚的评论15提醒我们，可以大规模采取这些步骤。如果其他国家的政府能做到，我们的政府也能做到，我们的学校和地区也可以做到。

19. 我们整个学校的规定都是"上课不准用手机"。成功的关键包括许多基础工作：调查家长/学生/员工并分享结果；平时就灌输一些有关使用手机的神经科学小常识；一致的执行和领导的支持。有趣的是，在之前的学生调查中，学生们很清楚在课堂上使用手机影响了他们的学习，但他们也很清楚他们不想放弃他们的手机。

20. 我们成功地做到了。我们简单地概括为：红灯是让交通系统顺畅运作的限制性手段，它不是一种惩罚，手机使用禁令也是同样的道理。

21. 是的，在我儿子的学校挺有效的。我（最后）真的宁愿给他买一部新手机，也不想去学校教务处拿回被没收的手机。

22. 我们（澳大利亚）的政府已经规定白天期间手机必须关机和收起

来。看到学生们在校园各处都真实地交流互动，并且课堂上再也没有手机的干扰了，这真是太好了。

23. 差异是惊人的，当手机收起来后，每个人似乎都更快乐了。

我们喜欢19号评论，因为它强调不仅要告知家长政策，还要更广泛地告知他们科学和基本原理。请注意，从调查开始，甚至学生也参与了讨论。正如我们之前讨论过的，当人们觉得过程公平——他们被倾听，他们的意见被重视——他们对结果公平的看法就会改变。他们更愿意支持自己不同意的决定。他们明白，为了更广泛的积极结果，必须做出牺牲。即使家长不同意，但学生和家长都能从理解这一理论中获益。如果学生和家长都能看到其中清晰的逻辑，他们就更有可能支持这一理论。评论20显示，这所学校花了时间仔细思考信息传递和框架。第21条评论来自一位家长，他觉得去学校取回手机很不方便，但仍然支持这一规定。只要学校推出了手机限制政策，那么大多数家长都是支持的。我们中有几个人是父母，可以证明父母在家里也在努力应对社交媒体无处不在的负面影响。他们通常很高兴学校成为他们的盟友。少数人可能会对这项政策感到不满。会有一些愤怒的电话打来。但大多数人会感激它。他们会默默地这样做，也不会给你的办公室打电话，这样的人很多！

也有一些更复杂的回答，所以我们的评论浏览之旅以它们结束：

24. 手机留存处的副作用之一是，当学生们抓起手机出门时，他们中的大多数人走出教室时都会查看手机，看看他们在上课期间错过了什么。

25. 我很羡慕不用和全班孩子斗智斗勇的人，这些孩子无一不在想着尽可能多地在手机上看社交应用、发消息和刷视频，有时他们会找些借口（我可以用一下手机里的计算器吗），有时连借口都懒得找。

26. 我们有学生拒绝放下手机。他们知道我们不会从他们手中直接抢走手机，所以他们断然拒绝。可悲的是，这样的行为不会造成任何后果，所以一些老师就放弃了强制执行"在校期间收起手机"的规定。

评论24提醒我们，这种限制的性质可能会导致反常的结果——一些孩子一旦拿回手机，就更有可能沉迷其中。这也许是另一个更普遍的限制的理由。基本上，那些还没走出教室门就迫不及待打开手机、查看社交应用的学生，大概率在整个课堂上也在想着他们的社交应用消息。研究表明，当学生心里想着一会要拿回手机，这对于学生来说也是一个分散注意力的来源，与让他们把手机——哪怕是关机的或者扣放的手机——放在附近的诱惑程度相当。理想的策略是减少"处理"的数量（即一天中收集和归还的时刻）。每一次这样的处理都需要工作和跟进，使跟进不利的情况更有可能发生。评论25和26来自学校的教师，他们的执行不一致，因此很困难。这提醒我们，不一致或无效的政策是多么耗费时间，多么令人沮丧。

理解的力量

正如我们前面所讨论的，从为什么开始——向你要求遵循和执行的利益相关者解释一项政策的基本原理——对任何复杂或有争议的政策的成功至关重要，尤其是像手机限制这样明显且具有挑战性的政策。理想情况下，这个原因应以调研为基础，这样教师、家长和学生就能理解它的逻辑基础，并清楚地看到它的目的是照顾学生的最大利益。当人们对过程有信心时，他们对最初可能不同意的结果会更开放。从长远来看，花时间在一开始就做一个完整和透明的案例说明将节省更多的时间和精力。

在下一节中，我们试图基于三个主要原因为限制的原因做一个案例说明。我们希望它对你建立自己的说明是有用的。我们注意到它重复了引言中的一些讨论点。我们这样做是为了让你不必回去翻找，而可以在一个地方找到相关信息，甚至可以直接与学生、家长和/或老师分享论点。

第一个原因：注意力问题

学校限制使用手机的第一个原因是它分散了人们的注意力。他们让你很难完全专注于任何任务，也很难保持这种专注。这不是一件小事。注意力是每项学习任务的核心，学习者注意力的质量决定了学习努力的结果。读一本有挑战性的书，完成一个实验，解决一个复杂的数学问题，写一篇论文，这些事情都需要持续的专注和消耗相当长的一段时间。任务越严格，就越需要熟练掌握专家所说的选择性注意力或定向注意力。要想学习并且学得好，你必须能够对你所关注的事物保持自律。

克利夫兰诊所注意力与学习中心临床主任迈克尔·马诺斯最近在接受《华尔街日报》采访时表示："定向注意力是一种抑制干扰、保持注意力并适当转移注意力的能力。"手机的问题在于青少年每隔几秒钟就会切换任务，尤其是那些带有社交媒体功能的手机。更确切地说，他们练习每隔几秒就转换一次任务，因此他们更习惯于注意力半集中的状态，越来越期待每隔几秒就有新的刺激出现。当一个句子或一个想法需要缓慢、专注的分析时，他们的大脑已经在寻找一些新的、更有趣的东西了。

马诺斯继续说道："如果孩子们的大脑习惯了不断的变化，大脑就会变得很难适应非数字活动，因为那里的事物移动得不那么快。"所有教育者能想到的第一个例子可能就是阅读，阅读时就没有那种快速变换的事物。尽管我们所有人都有这种风险——尽管你可能已经意识到自己身上的一些变化——但青少年尤其容易受到影响。人的前额叶皮层直到二十五六岁才发育完全，这是大脑中通过"下行反馈信号"对大脑施加"自上而下控制"的区域，即冲动控制和自律——任何决定我们关注什么的有意识的决策。在很多情况下，思考和学习是环境中的诱惑和前额叶皮层集中注意力的努力之间的一场搏斗。

教育作家黛西·克里斯托杜卢把科技公司称作"注意力商人"。他们的目标是"抓住人们的注意力，然后转手获利"。社交媒体和几乎所有你在浏览器上体验到的东西都是生意——非常大的生意。这种商业模式也让你在一天的大部分时间里处于注意力不集中和冲动的状态，这样你就会成为一个容易接受暗示的消费者。要做到这一点，它们必须破坏你的前额皮质的能力，从而将你的注意力转移到其他事情上。克里斯托杜卢写道，只有当他们能够"让使用他们的网站或应用程序成为数百万人频繁和自动的习惯"时，他们才能成功，"而且他们已经充分利用了行为心理学的知识……让他们的产品（和我们的注意力一起引导我们在不经意间就沉迷其中）使我们形成新的习惯"。因为它们对用户是免费的，所以让人很容易忽略一个事实，即它们的目标是从你的行为中赚钱。在科技领域有一句熟悉的格言表达了这一观点："如果你不为产品付费，你就是产品。"吸引可操纵的注意力在该领域被称为吸引"眼球"，这相当令人毛骨悚然地表达了一种观点，即负责引导注意力的身体器官和负责处理注意力的器官在功能上是可以分离的。操纵人们的注意力，把东西卖给你是社交媒体努力的目的，当然，被卖东西并不是唯一的结果，甚至不是最糟糕的结果。

无论何时，青少年在屏幕前，他们都处于一个习惯于低注意力状态和不断切换任务的环境中。即使他们不活跃在社交媒体上，情况也是如此。

当然，大多数青少年一打开手机，就至少需要与查看社交媒体的冲动做抗衡，即使他们打开手机不是为了查看社交媒体。

正如我们在引言中提到的，2017年，在抖音等最新一代最具颠覆性的产品兴起之前，一项研究发现，本科生（需要指出，他们比K-12学生大脑更成熟，拥有更强的冲动控制能力）"在线时平均每19秒切换一项新任务"。

当然，大脑会根据自己的运作方式不断地自我重组。这被称为神经可塑性。青少年在不断切换任务和搜索新信息上花费的时间越多，他们就越难培养或保持长期高度集中注意力的能力。我们的大脑在不断地自我重组，以对我们使用它的方式做出反应。如果我们向大脑发出信号，表示我们主要需要它们来完成涉及不断分心和半集中注意力的任务，它们就会重新连接，对这些设置做出预期和反应。也就是说，一段时间后，风险是我们的手机会存在于我们体内。大脑习惯了持续的半注意力和冲动状态，就会变得更容易处于这些状态。如果没有缓解，我们的手机——当然还有社交媒体和游戏应用程序——就会驯化我们，从而分散我们的注意力。当手机在我们的附近，哪怕没在我们的手上时，这种影响是最明显的。

"如果你想让孩子们集中注意力，那就需要让他们练习集中注意力。"辛辛那提儿童医院阅读与识字探索中心主任、儿科医生约翰·赫顿（John Hutton）说。要做到这一点，第一步就是强制他们远离那些破坏注意力的设备。一个以学习为目的的机构不能忽视一个积极侵蚀其主要学习工具的入侵者。

第二个原因：焦虑机器

配有社交媒体功能的手机让人上瘾，这尤其要归功于2009年开始出现的点赞按钮。得到赞会使人产生少量的多巴胺，这是一种神经化学物质，能让我们感受到一点点快感。这种生化反应肯定与群体形成的进化重要性有关。寻求群体认同太重要了，所以不能让大脑做决定的部分来掌控它；我们天生就会对社会认可和联系产生化学反应，这确保了我们能可靠地听从号召。

但我们的手机把它提升了一个层次。按钮传递的是所谓的"间歇性可变奖励"。多巴胺激增是不可预测的，你无法信赖它。研究表明，这种不确定性"相较于明确的奖励，会让我们不停地、不停地检查"，克里斯托杜卢写道。你开始痴迷于获得点赞和其他形式的电子认可，因为它们与"内心的衡量标准相连，它每时每刻都在告诉我们，我们在别人眼中做得如何"，乔纳森·海特解释道。你可以通过别人的眼睛给自己打分——或者至少认同这样的幻觉——并不断更新。如果我们希望你能从这本书中学到什么，那就是我们应该认真对待"在别人眼中"这句话。不可预测的强化，再加上一种给我们的受欢迎程度和合群程度打分的、所有人可见的装置，这就是一种成瘾机器。

特温格的研究再次揭示了这种做法的成本。她写道："每周在社交媒体上花费6到9个小时的青少年说他们不快乐的可能性仍然比那些使用社交媒体较少的青少年高47%。""青少年花在看屏幕上的时间越多，他们就越有可能报告抑郁症状。过度使用社交媒体的八年级学生患抑郁症的风险增加了27%。"她和海特写道："在2000—2012年，青少年的孤独感相对稳定，只有不到18%的人表示高度孤独。"但在2012年之后的六年里，当手机变得普及，社交媒体开始包括赞同和点赞按钮后，这一比例急剧上升。他们的报告称："自2012年以来，37个国家中有36个国家的校园孤独感有所增加。""在欧洲、拉丁美洲和英语语言国家，这一数字大约翻了一番。"但这些数据大多来自疫情前的年份。

美国疾病控制与预防中心在2023年3月底基于2021年对7700名青少年做的调查发布了一份报告，这份报告更加明确地敲响了警钟。报告警告说，青少年的"心理健康危机正在加剧"，44%的人说他们感到"持续悲伤或绝望"。就在2009年，这一数字还是26%，即使在2019年，这一数字也比较低（37%）。大约20%的青少年说他们曾考虑过自杀。这个数字也代表了一个戏剧性的增长，但这些数字掩盖了性别差异。社交媒体是焦虑和孤立的机器，尤其是对女孩来说。"男孩倾向于在身体上欺负对方，"特温格写道，"而女孩更可能通过破坏受害者的社会地位或关系来这样做。社交媒体为初高中女孩提供了一个平台，在这个平台上，她们可以实施自己喜欢的攻击风格，全天候地排斥和拒绝其他女孩。"无论如何，在一个典型的青少年每天上网的时间中，男孩可能会把更多的时间花在游戏上，而女孩可能会把更多的时间花在社交媒体上，这可能是造成这种差异的另一个原因。无论如何，女孩焦虑和抑郁的比例通常是男孩的近两倍。

值得注意的是，科技公司所做的很多技术工作都是专门为了减少其他形式的社交网络的影响而设计的，尤其是家庭社交。比如说，有些帖子一旦被阅读就会自动被删除，这使得青少年的社交媒体内容对成年人和父母来说是不可见的——尤其是那些影响恶劣、言辞恶毒的帖子。父母从未看到过这些帖子，所以即使是一个支持孩子的成年人也不太可能意识到需要或有能力帮助他们处理痛苦和焦虑。社交媒体设计的一个主要特点是提供匿名性。不为自己所说的负责会让人类行为中最糟糕的一面显露出来。

我们听到一些教育工作者说，"学会管理手机是青少年的事"，更令人难以置信的是还有人说，"学校应该教青少年如何有节制地使用技术手段"。这显然是不现实的。学校不是为了解决心理依赖问题而设计的，如果我们认为普通教师——除了他负责的所有其他事情之外——现在突然能够掌握与技术工程师的创造（一种已经使一代人上瘾，且大概是在他们教其他事情的所有空闲时间里完成的）作斗争的艺术并且能像教孩子们使用微波炉一样教给他们，那就太傲慢了。改变心理上依赖手机的人的行为是困难的、令人筋疲力尽的、耗时的。如果他们只用做这一件事，那么一些教师也许可以通过高质量的培训和强大的课程来做到这一点。但事实并非如此。这个顽疾已经使心理健康问题的发病率翻了一番，改变了数百万人社会交往的方方面面。让老师站在教室前面宣布，"孩子们，使用手机时要有良好的判断力"，然后这种流行病就会消失，这种想法太过天真。所以限制使用手机是一个更好的策略。

在2021年的一篇社论中，特温格和海特提出了本质上相同的观点：如果学校关心青少年的健康，就必须限制学生使用手机。

第三个原因：一部手机影响每个人

即使人们不使用手机，手机也会影响他们的行为。"智能手机和社交媒体不仅仅影响个人，"特温格和海特指出，"他们影响群体。智能手机给人类互动带来了全球性的重新布线。随着智能手机变得普遍，它改变了每个人的同伴关系、家庭关系和日常生活的质感——即使是那些没有手机或没有照片分享应用账户的人。当每个人都低头看手机的时候，在自助餐厅或课后就很难随意交谈了。当每个聚会都被嗡嗡作响、震动的'通知'随机打断时，想要深入交谈就更难了。"他们引用心理学家雪莉·特克尔的话说，我们现在"永远在别处"。

"永远在别处"是我们最近听到的一个大学生分享他校园生活的写照。"我经常会提前去上课，然后发现教室里有30多名学生坐在一起，鸦雀无声，他们都在玩自己的智能手机，不敢说话，也不敢被同学听到。这导致了进一步的孤立以及自我认同和自信的削弱，我知道，因为我经历过。"

但手机用户在群体中的行为会以其他方式影响非用户的想法和体验。例如它分散了他们的注意力。研究表明，只要手机在身边，用户和其他人就会思考手机上可能发生的事情。大多数心理上瘾行为都是这样的。当然，"让每个人都开始思考他们手机上有什么"并不是一个中立的事情，它通常与焦虑挂钩，大部分社交媒体上的互动确实如此。房间里的其他人到底在发什么短信？青少年敏锐地意识到，当他说话时，房间对面那个看起来在玩手机的人很可能很轻松地（在手机上）在跟房间里的同伴嘲笑他、他的言论、他的穿着——用于当时的情绪消费，或者在当天晚些时候做出刻薄的评论。

手机用户的社交行为重塑了他们进入的每个房间更广泛的社会规范。"即使他们见到朋友，"特温格写道，智能手机也会让他们"避免某些社交活动"。他们不太可能向朋友投来欢迎的目光，也不太可能无意中听到有趣的言论并为之发笑。他们在公共场所低头看屏幕，让这些地方的联系更少，更孤立。没有什么比在人群中感到孤独和被忽视更让人感到被孤立的了。"在学校里人们更安静。"一名高中生告诉特温格，"他们都忙着上网，忽略了彼此……他们似乎不想和我说话，因为他们在玩手机。"当然，现在的自然反应是拿出你的手机，让自己看起来也很忙。

社区和联系本就是基于群体的互动活动，而这为社交媒体世界提供了一剂解药。然而，手机使用增加的另一个结果是参与几乎所有其他活动的人都减少了。例如，与几年前相比，青少年在放学后找工作的可能性大大降低。他们不太可能参加戏剧社或爵士乐队等课外活动。被动不参与对同龄人的影响几乎和那些沉浸在网络生活中的人不再选择（比如说）参加学校戏剧的选拔一样大。需求决定供给。当参与公共生活的人越来越少，参与公共生活的方式也就越来越少。学校戏剧的试演机会越来越少，科学社团越来越少，辩论队越来越少。这里我们讲的是个人经验。我们其中一人的孩子喜欢课外活动，比如科学社和西班牙语社。它们提供了社会联系，也提供了一个激发她好奇心的环境。然而，在过去的一学年里，由于参加人数减少，这些社团中约有一半完全停止了运作。当只有三四个孩子参加会议时，就没有什么乐趣了，你也做不了什么，也没有一个真正让你觉得属于其中的团体。最后，终有一天就会变成只有一两个学生出现在活动上。走到这一步，在这个社团彻底解散之前，它所做的不过是加强了最后几个学生的孤独感和被孤立感，他们在房间里寻求联系和归属感，却一无所获。

组织有效的社交活动

学校不仅可以提供一个远离屏幕和社交媒体的喘息机会，还可以为网络世界的弊端提供一剂解药。当威尔士卡迪夫高中（Cardiff High School）的山姆·伊顿（Sam Eaton）和她的同事欢迎学生从疫情中归来时，学校的规定包括限制使用手机。但学校不仅告诉学生他们不能做什么，它也使学生更容易做积极的、愉快的事情，重建他们的社会联系及与同龄人的关系。学校的工作人员设计了各种各样的设备，让学生们可以在课间进行互动，例如，提供了可以玩纸牌和棋盘游戏的桌子、乒乓球桌以及其他户外游戏的空间。它给了学生一些明确的社交性的东西，让他们可以参与其中。

　　玩游戏时频繁的非正式互动是重建社交技能和重燃联系感的好方法。打牌需要眼神交流和阅读面部表情。会有一些有趣的暗语，也会因为失了一手而短暂失望。有很多低风险的机会可以让你得到反馈，看看你说的话是否适合当时的情况——亲切或有趣，或者让你听起来像个输不起的人。当手机主宰青少年的生活时，他们的互动能力就会减弱。学生可以利用这些技巧来建立积极的人际关系。它还提供了一种更强烈的联系感，而不仅仅是站在那里希望自己有部手机可以看。

　　这张卡迪夫高中学生在院子里下棋的照片就是一个很好的例子。他们为严肃的牌手准备了几张小桌子；对于那些想要更轻松的东西的人来说，这里还有一个巨大的布景。

　　这个巨大的叠叠高游戏装置有助于与一群更即兴的同伴进行简短轻松的互动。

再加上乒乓球桌和牌桌（提供纸牌！），如图所示。

突然之间，学生们有了一系列非正式但有建设性的方式来联系和互动。通过眼神交流、面部表情和肢体语言，不断有关于问候和归属感的小信号出现。如果你是一名学生，你环顾四周，你会看到这些东西，十几种不同的方式以及由此产生的无处不在的联系。这提醒了你人际交往是如何运作的。而且很容易让学生有归属感，因为每个人都可能有适合自己的东西。

家庭式用餐是另一个例子。英国普利茅斯海军学院（Marine Academy）的珍·布里明告诉我们，自疫情以来，它们发挥了极大作用。在海军学院的午餐意味着孩子们和一两个成年人围坐在一张小桌子旁，进行轻松的社交和社交聊天。它不必是正式的或有具体主题的，成年人不会引导讨论时事。它是一种轻结构化的简单相聚、有眼神交流和持续一段时间的集体交谈。每个人都有属于自己的地方。有些学校实际上提供家庭式用餐，或包含类似家庭责任的就餐方式。我们中的一个人曾在伦敦的米凯拉社区学校（Michaela Community School）吃饭，当时有的学生负责端来盛有饭菜的托盘，另一些学生买了一大罐果汁，还有些学生负责饭后擦桌子。还有些学校让学生们享受自助餐厅式的午餐，但提供一个温暖而开放的面对面的座位，使各种互动更有可能让所有学生感到相互联系。每个人都有可以倾诉的对象。

你可以从珍发给我们的照片中看到。

留意一下图片中学生们的眼神交流、群体互动以及包含一个成年人、一副真正的刀叉的对话所带来的慢节奏。

山姆和珍的学校都对我们熟悉的活动进行了小的调整，创造了我们认为的解药——在学校里的活动有助于促进积极的互动，抵消孤立。他们让我们想起了在第1章中分享的特温格的研究数据，这些数据表明，某些活动与焦虑、孤独和抑郁呈负相关，比如从事一项有目的的青少年共同努力、合作、有眼神交流和轮换的活动，更不用说这些活动也可以帮助他们学习如何应对失望和成功了。这样的事情不仅是暂停了看屏幕的时间，更采用了积极治疗的东西来代替它。

上学的日子里充满了可以优化的时刻——像山姆和珍的学校里那样的课间休息或午餐，还有到校、下课、自由时间或晨会。我们想提醒的是，质量比数量更重要。每天有一两次真正有意义的互动比几次不太成功、只是建立文化的互动要好。管理不到位的活动会告诉学生，他们身处的机构是脆弱的、低效的，无法将其中的人联系起来，就像管理不善的班级和低学术期望就是在告诉他们，他们的时间不是特别宝贵。

当然，学校可以通过更多或更好的课外活动提供更多的解药时间，比如充满活力、运营良好的社团、组织和兴趣小组。

在第5章中，我们将更详细地描述田纳西州纳什维尔古典特许学校的执行董事查理·弗里德曼（Charlie Friedman）和一群教师在疫情结束后如何重新设计课外活动。其中一件关键的事情就是专注于拓展观众。"我们真的很注重给这些学生一个表演的机会。"他指出，但如果有很多人来，表演会变得更有意义。是的，你希望你的父母在那里，但你也希望你的同龄人在那里。在那里有你的几个朋友，也许还有几个你想进一步了解的同学。弗里德曼说："关于如何激励和鼓励人们来看演出和比赛，我们想了很多。"当然，不是每个孩子都能参与，但有趣的是，通过建立观众体验，他们不仅让表演更有趣，也让参与更有趣，更有意义。当你在看台上参与其中时，你会有归属感。一起唱歌、诵经和庆祝可以和一起表演一样有意义。

也就是说，提供一些不需要特殊才艺的课外活动也是很重要的。许多最常见的课外活动，如体育和音乐，都是需要可能终身练习的活动。作为运动员和音乐家，我们热爱这些活动，并完全支持它们。但缺点是，如果你只有15岁，正在寻找一些有意义的东西来为你的生活添彩，而你长这么大都没有踢过足球或唱过歌，这些东西对你来说是不合适的。因此，让你可以基于热情和兴趣加入社团活动并仍然感到归属感，这也是非常重要的。

伊莱沙·罗伯茨（Elisha Roberts）告诉我们，在丹佛的奋斗预科学校（Strive Prep），演讲和辩论是重要的补充。任何人都可以加入，它只需要你有意志。它能带来你想要的所有社交的好处：眼神交流、团队合作、轮换交流。但罗伯茨也描述了辅导员用来建立社区的一个小惯例。"你数一数这个班有多少孩子。一开始没有人说话，然后第一个人报'一'，接下来你要听和感受是谁报了'二''三'……你看着中学生们这样做，他们互相配合，试图达到25，然后说，'哦，我们不可能在30秒内做到'。这是一种有趣而简单的联系，但在社会情感联系方面却很强大。"它提醒我们，在任何地方都可以创建这种小情景。事实上，学校可能会为老师们列出一份简单的合作游戏清单，他们可以在课前、公共午餐时、走廊上或作为对课堂讨论的奖励，在两分钟或更短的时间内玩完。

美国疾控中心的调查证实了这一点。那些说自己在学校与人有联系的青少年"比那些在学校没有联系的青少年更不可能报告心理健康状况不佳"。我们不需要给每个人都找一个最好的朋友，我们只需要让他们觉得自己被看到了，被关心了，有意义了，完全存在于学校的生活中，并被同龄人感知。美国疾病控制与预防中心青少年和学校健康负责人凯瑟琳·艾瑟（Kathleen Ethier）在接受《华盛顿邮报》采访时表示，一所运行良好的学校"可以成为学生生活中的一个保护因素"。

我们特别注意到"运行良好"这个词。没有人会在一个经营不善、浪费时间、不能把事情做好或不能让人们表现得积极的地方感受到联系和归属感。卡迪夫高中的国际象棋桌和乒乓球桌只有在学生们真正尊重和保护这些设备的情况下才能正常使用，而且学校能确保有全新的完整的乒乓球和一整副扑克牌。令人惊讶的是，有条不紊是归属感的核心。做好事情，尤其是包括学校日常工作的核心——开设教学良好、富有成效、对学生有意义的课程；让学校有效地开展核心活动，可靠地完成它的目标——这些事情也会影响学生的归属感。

"我认为人们希望自己属于某个组织。"纽约市23所地区学校的城市议会社区的首席执行官大卫·亚当斯告诉我们，"有一种观点认为，青少年不想属于任何东西。然而，他们走进了我们的社区……都是由反社会组织提出的。要求所属权是没问题的，我们可以对青少年说'你属于我们'。但是我们要明白，这背后暗含着一个契约。人们想要属于某一个团体，如果我们可以很好地履行我们的契约，那我们就可以帮助他们成为团体的一员。"

对于太多学生来说，学校没有给出这样的归属承诺。一直以来这是没有问题的。但是现在，青少年的口袋里永远装着一个智能设备，这个设备无时无刻不在跟他们耳语，表示会帮助他们在这个世界上找到立足之地。在这种情况下，这样的做法就显得太具风险性了。无论在哪里，这个设备都可以提供无数刺激而诱人的"互动"。

与上一代人相比，这改变了青少年生活的两个小方面。

一个是等待的时间减少，造成了大脑总是会走神。想想你成长过程中花了多少时间在等待上——等妈妈来接你或等公共汽车，在药店或摩托车店前排队时——所有这些"无所事事"的时间里，你本该什么事都做不了，除了观察周围的人、过往的交通、脑袋里闪过成千上万件琐碎的小事（其中一些在一段时间后成为想法和信仰）。现在的青少年从来不这样做。反正等待的时间也少了（你在虚拟队列中等待），就算他们在等待，他们也只是刷手机，而没有走神的休息时间。

另一个不同之处在于，上几代人最焦虑的时刻之一——不得不独自在学校食堂或餐厅吃饭——结束了。20世纪60年代、80年代的电影里，经常可见自助餐厅的场景，主角拿着托盘站在餐厅的入口……好吧，我们不需要再说更多就能知道接下来要发生什么。现在的青少年只是拿出手机，进入另一个世界。他们总是一个人吃饭。

我们想说的是，一种便捷的建立联系的途径以复杂的方式重写了社会互动的方程式（这是好事，也是坏事）。我们无法在便捷性——速度和交互的多样性——上胜过手机。一个人边吃午饭边刷Instagram比一个人吃饭，除了环顾四周和咀嚼食物什么都不做要舒服得多，所以青少年（还有成年人！）当然选择了前者。但和跟朋友共进午餐相比——笑声、微笑和熟悉的模式——这种方式就微不足道了。

我们要与这样的技术手段竞争，要宣誓对青少年的拥有权，至少让他们认为在一定程度上属于我们。作为机构（我们认为是社会中最重要的机构），我们只能希望在质量的基础上竞争——能够显著带来人性和友情的丰富互动，并使这些成为我们学习的地方的特征。和朋友们一起欢声笑语共进午餐的地方越来越少。这也许正是我们宣布孩子们属于学校（也暗含着属于社区和共同的努力）的一种途径。

毕竟，疫情期间已经证实，科技并不适合课堂（尽管Ted演讲者宣称无障碍、学习者主导、按个人节奏学习的未来已经到来）——即使是那个我们提供给大多数青少年的尚不完美的版本——它无法使学生取得学习成果，还导致学生学习成绩大幅下降。这是有原因的。与他人身处一室，当他人陈述观点时阅读他们的身体语言，当他人提出见解时感受这个氛围，这些都是很重要的。教室仍然是创造这些情景的地方，因为这里有个人与集体连接并释放信号所产生的能量。如果我们能在日常生活中建立起足够的真情实感的联系（我们将在后面的章节中讨论这个话题），我们可能会发现，即使是最初反对放弃手机的学生，也会为他们放弃了手机而感到高兴。

第 3 章

重塑课堂：放大归属感信号的教学

　　下面这张照片是在德纳留斯·弗雷泽老师教室中学生讨论时拍摄的（第1章中有描述），它讲述了课堂如何鼓励学生向彼此发送归属信号，以及那些看似微小的信号如何以重大的方式塑造了课堂文化。凡妮莎的同学们支持的微笑、肯定的凝视，它们并不是微不足道的事情。

我想修改我的答案。

接下来，我们将深入研究那节课和其他几节课的视频，来回答如何在课堂上建立和发出联系以及归属感的信号，如何让课堂充满活力和参与度，从而使学生可以沉浸式学习，如何在课堂上令学生感到自己很重要，是更大的团体中的一员。我们首先需要停下来强调一个重要的点。

在我们将要描述的所有课堂中，你都能感受到连接、群体、喜悦和归属感。我们希望您能与我们一起仔细地研究它们，解开教师已经在学校文化中安排的魔法。但同时不要忽略这些课堂中体现出的学术氛围，学生们积极主动，碰撞出很多知识的火花。这些课堂在确保学生情感和心理上满足的同时促成了最高程度上的学习和成就。

这些课堂将学习置于首位——可以说是超过了普通课堂的程度——同时学生们仍然在全程感受到连接和归属感。在许多情况下，这些感受是由于他们正在学习的内容而产生的。因此，我们要明确一个问题，我们应该问的不是"如何构建让学生感到归属和联系的课堂"，而是"如何构建让学生感到归属和联系的课堂的同时可以确保他们最大程度地学习"，这不是一个二选一的问题。

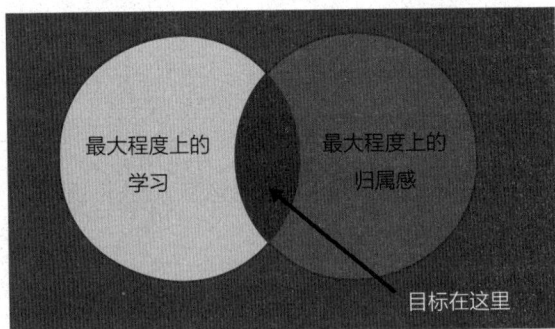

幸运的是，这两个目标之间的协同作用比冲突更多。请记住，心理学家马丁·塞利格曼的幸福公式包括三个产生幸福感的途径：快乐、投入和意义。当这三个因素相结合时，幸福感最强烈。在这三个路径中，人们最容易理解快乐和幸福之间的关系，但是最可能通过经历投入和意义而变得快乐。塞利格曼和斯蒂芬·舒勒（Stephen Schueller）于2009年进行的一项研究发现，尽管这三个因素都对个人的整体幸福感起作用，但追求投入和意义与幸福感的关系更强。当我们沉浸在一个任务中，并感到我们正在追求的目标很重要时，我们会感到幸福。

通过互动设计激发学生的内驱力

看德纳留斯的课堂视频，很难不对他的学生印象深刻。因为每次当德纳留斯问一个问题时，他们都会充满能量和热情地投入到任务中去。"我们有点分歧，"他在视频30秒不到的时候对学生们说，"转身然后讨论一下'为什么'。"

这个惯用语离开他嘴巴的瞬间，整个房间立刻充满了活力。每个学生都会毫不犹豫地与同伴讨论问题。在很多课堂上，更理性的反应可能是在表达任何意愿（或热情）之前，先转向你的同伴并观察他们的行为。他们是认真地想和你讨论正弦和余弦吗？万一他们可能翻白眼、吐槽老师的话怎么办？你不想表现得太有热情。如果德纳留斯课堂上的学生也是这样想的，那它"听起来"就会不同。学生们的反应会更加安静：学生们刚开始的声音可能会有些犹豫，参与的人也回应得比较慢，或者是根本没有回应。

但在这里不是这样的。学生们似乎非常确定他们的同龄人想要讨论数学，没有一丝犹豫。当然，他们看到同伴对"转身讨论"的回应后，下一次他们会更加自信。他们已经融入了弗雷泽先生的教室里热情的学术交流的常态，将其内化为了另外新增的一个数据点。

后来，当他们作为小组讨论问题时，学生们会彼此交谈，而不是互相忽略。他们仔细倾听，对对方的想法加以补充。每个学生的评论似乎都很重要，这意味着他们感到了自己的重要性。

这是一个令人印象深刻的青少年团体。事实上，有时候同事会看视频并说出类似"如果我的学生像他们这样，我也可以创造奇迹"的话，但是这样看待视频是将结果误解为原因。你犯这个错误是可以理解的。德纳留斯似乎只是简单地退后一步，问一个问题，并期待着整个房间开始充满热烈的智力辩论。

当然，任何尝试过的人都知道，现实要复杂得多。如果你在这里"做他做的事"，而没有奠定他精心奠定的基础，你会得到一个非常不同的结果。是的，我们认为如果环境合适，几乎任何学生群体都会积极参与，但也需要大量的有意设计和策划来创造合适的课堂环境。德纳留斯在视频中的举动是谨慎甚至精巧的，而我们没有看到的、他在这堂课之前所做的动作才是双倍重要的内容，同时也是精心计划的。

我们所看到的是一次积极社交工程的实践，也就是说，德纳留斯对他希望自己的课堂表达的文化以及他如何实现它进行了非常深入的思考。事实上，我们希望在本章中传达的是，教室首先是一种文化，学生之间的互动，尤其是在课堂上的互动必须精心策划，以建立一种联系、归属感和共同的学术努力。

更进一步说，用这种方式掌控教室很可能是学校和教师可以做的最重要的一件事，以帮助解决学生对联系和社区的需求。毕竟，在一个典型的7

小时的学校里，学生们可能要花6个小时在教室里。学校可以投资于社会情感计划和课外活动（在后面的章节中，我们将讨论如何做到这一点，所以要知道我们是支持这些事情的），但除非课堂变得像德纳留斯的课堂一样生动，除非每天6小时的课堂都让学生感到自己的重要性、成就感、连接感和成功，否则其他方面的帮助也只能发挥有限的作用。教室仍然是学校互动的基本场所。如果不把可靠的伟大文化融入绝大多数的课堂，就不可能有一个适合每个孩子的包容性学校文化。

总体而言，青少年在学业上历来落后，在社会上历来被孤立。要想在学校和课堂中创造足够的机会和福祉来解决这个双重危机，就需要有意识地打造德纳留斯课堂上的那种文化。你的课堂（或者你的学校）肯定会有一些变化，你会感受一种带有新的重点和基调的文化。但在这一章中，我们想强调的是一定要有与之相匹配的意向程度。我们喜欢用"工程化"这个词来描述创造最佳学习环境所必需的设计水平。每一间教室都应该确保学生能够专注和投入地朝着重要的目标努力学习，不受干扰，身边有一群关心和支持他们的同龄人，尤其是当他们有重要的学术任务要完成时。

我们认为这是可能的，我们将向你们展示一系列的课堂来证明这一点。我们将从连接和归属感的角度（正如德纳留斯和其他我们要展示的课堂表现的那样）研究为什么这些课堂是这样的，并将重点阐述几件最重要的事情。（我们的讨论大量引用了道格的书《像冠军一样教学3.0》的读者所熟悉的术语。对于那些没有读过的人，我们会尽量简单地解释一下，如果你对这一章的内容很感兴趣，你也需要那本书。）

如果你同意就"打响指"

让我们从一个看似无关紧要的微小时刻开始。在德纳留斯课堂的视频中，大约1分15秒时，一个名叫福卢绍的学生（坐在后排，穿着运动衫）对她的同学凡妮莎做出了回应。"好吧，"她说，"我同意凡妮莎的看法。我认为A是求倒数，倒数和反函数不是一回事。"就在她说这些的时候，一件看起来很奇怪的事情发生了。有三四个同学开始打响指。几秒钟后，你可以看到画面中央的女孩费根一边打响指一边点头。她环顾四周，试图与其他学生建立眼神交流，鼓励他们也加入进打响指的行为中。

我们在刚开始演算时就建立了它。

福卢绍（左）在回答，费根（右）在向其他学生打响指和点头，鼓励他们加入她。

打响指是德纳留斯建立的一种正强化系统。当一位同学讲话时，学生们纷纷表示支持。"支持"可以暗示各种微妙的不同事物。在智力层面上，它可以表达"我同意你"或"我也得到了这个答案"。在情感层面上，它可以是"我支持你，继续，你做得很好"。

也许乍一看这有点像噱头，但它不是。

在一群人面前讲话会引起焦虑，但这也是最佳学习的必要条件。在一群人面前讲话时，几乎每个人都会感到些许紧张，青少年更是如此，他们对地位和同伴的接受度非常敏感。对我们大多数人来说，当我们开始说话的时候，总会有一个小小的声音问："我现在听起来很傻吗？"或者不那么焦虑的声音可能是，"我说的有意义吗"？如果我们马上就觉得自己成功了，赢得了认可，这就会成为坚持谈话和未来也继续表达的巨大动力。另外，如果我们被怀疑所困扰，如果我们认为事情进展得很糟糕，我们只是在别人面前让自己很尴尬，这就会让我们不想说话。

这在课堂上是一个持续的挑战。在公共场合谈论想法是了解想法的关键，它也是建立信仰文化的核心。如果我从来没有看到同龄人谈论正弦和余弦，我可能会认为我也不该谈论这些东西。如果我的同龄人总是在谈论正弦和余弦、选举团、并列、阻力和柔板——那么我将会相信我也应该谈论这些东西。

因此，当福卢绍开始说话时，她立即从同伴那里得到微小但持续的积极反馈是很重要的。他们说你做得很好，尽管她还在说话。她的同学能够用简单而不打断她的方式表达他们支持她的想法。这是一个微小的信号，增强了她的成功感，并在他们之间建立了一种有意义和真实的归属感。使用共享代码表明他们是一个团体的一部分。用它来赞美他人发表的关于找到正弦倒数的评论，这说明该组织重视学术价值。

还要注意的是，德纳留斯在2分30秒时特意要求大家打响指："我同意A是答案。如果你也同意，那就打响指。"他在强化这个信号，让所有学生都习惯使用它，让每个人都觉得自己是得到正确答案的参与者。他们的

"签名"（是的，我们都同意，那是正确的）再次强化了当下的集体感。可能大家在未以这种微小的形式全部肯定它前，它还真不是完全正确的。一屋子的青少年都在环顾四周，想要确定他们应该遵守的思想和信仰的不言而喻的规则是什么。在这种情况下，教室里的每一个人都明确了：我知道如何求正弦的倒数。我在意学会如何求正弦的倒数。

我们会说，这太棒了。

在2分45秒左右，甚至有一个滑稽的时刻（好吧，我们认为这很滑稽），奥莫温米正在说话，后面的一个学生"错误"地在此时使用了响指——至少在费根看来是这样。可能是他的时机不对，也可能是他打得太大声了。但费根回头看了他一眼，好像在告诉他，"嘿，我们不是这么做的"。

插一句，我们很确定我们可以拍一部关于费根和她在这个视频中建立联系和塑造规范的惊人的努力的电影。就像你们教室里的许多孩子一样，她是一个连接者，一个团队建设者，一个队长。如果我们能够提出一个真正有价值的、需要他们帮助一起建设的文化，她和成千上万像她一样的孩子都会全力以赴！

事实上，费根对"错误的"打响指的反应以及她召集打响指者支持福卢绍的时刻告诉我们，她认为这个（正强化）系统是她的。她想把事情做好！德纳留斯仔细地安装并解释了这个系统。他制定了如何使用（以及如何不使用！）的初始规则，但现在它有了共享所有权。学生们在没有德纳留斯参与的情况下，不断地自发发起这个系统。他们重视它塑造课堂的方式——积极、相互支持以及联系。这让他们在别人说话时也能积极参与。

每当学生们互相提醒他们这个群体的根深蒂固的信仰、价值观和原则——"我们在这里是如何做的"——这个群体和个人对它的承诺都会因此而更加坚定。学生们冒着智力上的风险坚持上德纳留斯的课，部分原因是他们从同学那里得到了这种肯定的小信号。作为倾听者，他们会更充分地参与其中，因为他们可以向同学们发出赞赏的信号，并且他们越是主动关注值得被赞赏的见解，他们越是能发现更多真知灼见。德纳留斯为学生们提供了一种建立团队的方式，以表明他们的成员身份和相互支持，他们也欣然接受了这种方式。他们喜欢团队的感觉。

打响指看起来是一件小事，但其实不是。

这不是一件小事的原因之一是，在许多情况下，学生的同学对她努力参与的反应与她的老师的反应同样重要，甚至更重要。在《激励式教学》（*Motivated Teaching*）一书中，佩普斯·麦克雷（Peps McCrea）提醒我们，我们对社会规范的看法是影响我们行为和动机的最大因素。我们认为，学生年龄越大，他们对群体规范的看法在塑造他们行为方面发挥的作用就越大。青少年会去做他们认为其他青少年会做的事。

此外，麦克雷指出，我们越是觉得自己属于一个群体，我们就越会投入到这个群体的目标中，并遵守这个群体的规范。当学生们与同学们融洽相处时，他们向别人发出了信号，也增强了自己的归属感。这使他们更容易融入群体的文化中。

想象一下，你坐在教室里，同学们的行为告诉你：我们喜欢并重视讨论三角学。这是一种规范，是团队内部不成文的假设或规则。你越觉得自己是这个群体的一员，你就会做越多的小事来表达你的归属感，你的同伴就会越努力地发出你属于这个群体的信号，你就越能感受到快乐、投入和做事的意义。所有这些都会让你更深入地内化群体的规范，在这种情况下，你就会更觉得自己是一个"享受和重视讨论三角学"的人。这让人想起丹尼尔·科伊尔的一句话："归属感感觉上是由内而外发生的，但实际上是由外向内发生的。"你有归属感是因为你表现得有归属感。小信号和大信号一样重要。

与此同时，德纳留斯在大部分的互动中一言不发。我们没有看到他建立系统，我们没有看到他在年初向学生们解释什么时候打响指以及如何正确打响指的时刻（比如说，快速地只打2—3次，等等）。看起来他很被动，但事实上并非如此。

在课堂上设计程序，使其成为常规，尽可能让学生对这些程序有一种共同的所有权感，确保他们参与其中并感到融入其中，这些都是任何教师最重要的技能之一，尤其是那些试图塑造学生对学校的看法以及他们与学校关系的教师。塑造规范并让学生接受这些规范就是建立文化。这就是德纳留斯的课堂与众不同的地方。确切地说，如果我们不积极建立最佳的学习文化，我们就无法在疫情之后成功地满足青少年的学术和社会需求。我们们选择从这个看似微小的规范——一对一打响指（peer-to-peer snap）——开始研究如何建立这样的文化，它表明即使是一个非常小的行为也可以对实现这一目标产生巨大的影响。

课堂"支柱"系统

我们把这种融入了打响指或其他肯定形式的课堂系统称为"支柱"。给予支柱是指对另一个人给予认可、认定、承认或赞扬。除了呵斥之外，老师还可以使用多种潜在方式让学生表达相互的肯定。另外两个常见的版本是"发送光芒"和"发送魔力"。当学生们互相"发送光芒"时，他们会在手上做一个小手势，手指扭动，就像阳光进入房间一样，把它指向他们想要表示支持的人。

这张图片显示的是我们稍后要讨论的视频中的学生，他们在向一位正在回答问题的学生"发送光芒"。"光芒"与"响指"类似，因为它表达了赞同，一些老师更喜欢"发送光芒"，因为它是无声的，而且这个名字使目的更加明确：我们发送一个信号来支持某人，帮助他们成功。

这当然不是非此即彼。发送"光芒"可以与打响指共存（我们拍摄这张照片的教室同时使用这两种方法）。但同样重要的是要避免有太多的"支柱"。拥有一个运作良好的公司总比拥有几个不能建立完美文化的公司要好。我们认为高年级的学生更适合"打响指"一些。打响指的声响对讲话者来说是一种极大的肯定（即使他们没有看到，但也可以听到甚至感觉到），并且这个手势很受欢迎，所以大家就更加喜欢"发送"它。它也更"成熟"。你可能会怀疑这一点，但如果我们在与成年人的研讨会上开始打响指，我们经常会发现它会在整个房间蔓延，即使我们没有要求人们也这样做。人们就是喜欢这种感觉。

对于任何信号，教师都必须关注学生如何使用它。有些人总是想做过头，如果不能被谨慎使用，它可能会显得愚蠢，或变成一种微妙的破坏。所以你需要准备一些短语来温柔地纠正学生的不当做法，比如"这时候请不要打响指"，或者"我喜欢打响指，但必须更快一点、更小声一点。我保证你的同伴还是会感受到的"。

对于年龄较小的学生，我们倾向于让他们"发送光芒"。它的名字很欢快，所以发出指令时感觉很积极向上："给大卫发送一些光芒。"此外，在年龄非常小的学生中，"打响指"更有可能出错——他们没有那么多社交经验，也不太直观地知道什么时候使用它是有意义的。所以，在低年级"发送光芒"，在高年级"打响指"是一个不错的经验法则，但你可以在我们描述的课堂中看到所有的可能性。希望这可以帮助你联想到各种方式来定义和放大这些微小的信号，使它们更清晰和更明显。

在克里斯汀的教学视频中，克里斯汀正在教词汇，我们看到她用了两次"发送光芒"。第一次，学生埃塔尼在回答一个具有挑战性的问题时犹豫不定，克里斯汀于是对同学们说，"给埃塔尼一些光芒。"学生们热情地予以回应，你可以感受到埃塔尼感受到了大家的支持并最终回答出了问题。第二次，克里斯汀又提出了一个具有挑战性的问题，她自己首先"发送了光芒"，接着其他几个学生也加入进来。学生们选择表达支持的方式让人感觉很自然。

在莎拉·赖特的教学视频中她教授了词汇，她的学生们正兴奋地尝试使用他们的新单词。她点到了阿基姆，几个学生（特别是他右边的同桌）用热情的魔力表达了对他热情的支持。值得注意的是，几乎是出于习惯，莎拉在点阿基姆回答问题时，自己也做出了这个神奇的手势。

卢梭在他的教学视频中选择了两位学生的写作作品与全班同学分享。他开玩笑地要求全班"疯狂打响指"，以表彰他们的努力。效果也让人称赞。

在艾琳的教学视频中，当婕斯回答问题时，艾琳的学生自发地"发送光芒"以支持她。当她做对了，他们就会打响指表示赞同。她同时启动了两个系统！在这样的班级里上课，婕斯和所有类似的学生都会得到支持、鼓励、联系，并不断地被提醒你属于这里。

"注意力习惯"：学生之间互相追踪的隐藏力量

当我们在第1章中讨论德纳留斯课堂视频中的照片时，我们关注的是凡妮莎承认错误时，她的同学们所做的事情——看着她，微笑，发出他们认可她的非语言信号——以及当她表现出学术的一面时，他们如何表现出对她的认可。这些信号来自眼神交流、面部表情、身体姿势，甚至是打响指。他们的行为影响了她承担学术（和社会）风险的意愿。她对自己错误的回应是模范的、成熟的、谦逊的。它反映了一个年轻女性的性格。但它也反映出，在这里，心理上的安全感与一种明显的感觉相结合，即学习是一项团队运动。这个房间使她发挥出最好的一面，她的回答是她自己的，但并不仅仅是她自己的。

事实上，眼球追踪和非语言的肯定和包容信号贯穿整个视频，它们一遍又一遍地发生。回想一下我们之前描述的福卢绍正在发言的时刻。

她的同学们都转过身来面对她——费根是个例外，她一直在"打响指"，也鼓励其他同学一起"打响指"。另一个学生正在看黑板上的问题。但标准是明确的。我们说话时用眼神交流。

出于严谨用词的考虑，我们将"盯着讲话者看"这个概念定义为"追踪"。更广泛的一系列行为——表现出自己的兴趣，集中注意力并将自己的注意力引向最有成效的方向——被称为"注意力习惯"（这是道格在《像冠军一样教学3.0》中使用的术语）。就像"支柱"一样，它也包括对另一个人给予辨识、认知、认可和欣赏。当我们看到它发生时，我们会想到社会契约。虽然只是提出一个小小的需求（让我们互相看着对方；让我们尽我们所能表现出我们是感兴趣的，即使我们有时并不感兴趣），但如果我们能让每个人都接受它，并建立一个可见的规范，我们就会得到巨大的回报（我们建立了一个地方，在那里，课程点燃了房间的火焰，我们属于那里，我们最大限度地实现我们的梦想）。

在德纳留斯的教室里，这种规范是显而易见的。当福卢绍、布列塔尼、费根和杰沃恩说话时，你可以看到学生们在使用"注意力习惯"。

当然他们也在追踪德纳留斯。一些老师看到了一对一追踪（peer-to-peer tracking）的好处，但不愿自己采用这种方法。他们担心要求学生追踪他们太专制了。我们不禁要问，为什么我们要建立一个向教室里每个人表示尊重和肯定，提醒他们自己的声音很重要，却把老师排除在外的系统呢？为什么我们要暗示老师的话不重要呢？追踪老师讲课对学生有好处的原因有很多（例如，可以帮助学生集中注意力。《像冠军一样教学3.0》中对这点和其他原因进行了归纳总结），但我们想提示一下，归属感的信号和随之而来的情绪也会影响教师。这条生物学规则同样适用于教师。在课堂上感受到欣赏、支持和肯定会让你更快乐、更自信，在情感上与学生更有联系，并且大概率上也会让你成为一个更成功的教师。它使你成为一名像学生一样不怕承担学习中固有风险的教师！学生应该像追踪同学一样追踪教师吗？他们是否也应该在教师那里同样遵守积极学习环境中隐含的社会契约？当然！

值得注意的是，教师的目光也是一个重要的信号。（显而易见并不意味着它不值得反思。）当然，当学生说话时，与他们进行眼神交流表明我们在听。这是一个重要的习惯，也是一个很好的让学生们知道该发送什么信号以及如何发送信号的方式，稍后我们会讲到在英国伦敦的弗兰·古德希普（Fran Goodship）是如何在她的课堂上做的。但这是一种"大体上"的习惯要求——当你要对一个30人的班级负责时，你不可能时时刻刻都看着发言者。事实上，在学生们讲话的时候，偶尔环顾四周可以提醒其他人，你在看他们是否在参与（确保每个人都在做任务是很重要的）。

但凝视的对称性也值得反思。沃顿商学院教授伊森·莫里克（Ethan Mollick）最近针对沈素显（So-Hyeon Shim）及其同事的研究写了一篇文章，用莫里克的话来说，研究发现："当领导者积极地注视那些原本可能被排除在团队之外的成员时，团队中的其他人会更多地倾听这个人。"同样，当我们和老师一起工作时，我们经常提醒他们个人的眼神交流是多么重要，并要求他们在进行指导或提问等常见任务时进行眼神交流。与各种各样的人建立眼神交流，甚至是快速的眼神交流，这比只盯着"一群人"有效得多。

德纳留斯在视频的一开始就这么做了。他说："开始吧，花30秒时间安静地、独立地评估我看到的两个解决方案。"当学生们研究这个问题时，德纳留斯并没有越过学生的视线去看后墙，也没有低头看笔记或看黑板，更没有一次性用眼神扫过整个教室。他环视着教室，目光简单地盯着每个学生。他是在"看着他们的眼睛"，这样做既肯定了他们——我看到你并承认你——也帮助他们感受到充满爱意的责任感。

培养"注意力习惯"

"注意力习惯"是一个强大的工具，尤其是因为它能放大课堂上的归属感信号，但要实现它，使之成为一种始终如一、充满活力的常态，这说起来容易做起来难。成功需要精心的设计和执行。下面是一些像德纳留斯一样的老师得出的实践时的注意事项。

像任何系统一样，"注意力习惯"需要老师、学生，有时还需要家长的支持。在你的利益相关者中很有可能会有一些怀疑论者，所以第一步是确保每个人都理解为什么。正如我们前面所讨论的，过程公平会使结果被接受，即使人们一开始并不确定他们是否同意，而过程公平的首要原则是让利益相关者清楚地知道，决策是基于研究、合理的原则和共同的目标。当然，要花点时间解释它的好处。（专业提示：你可以给学生播放一到两个视频："这是我们最终想要的效果。"）但也要询问教师甚至家长的意见。准备好回应，仔细倾听，如果有必要，找机会解释，甚至可以在你的实施细节要求中或你可以允许的范围内增加一些体现灵活性的方面。也就是说，我们也支持可以有一些小的灵活性措施，甚至可以承诺在试行一段时间后根据实际需要增加灵活性。我们这么说是因为我们也认为接受是一个结果，而不是先决条件。如果执行有力，人们就会改变主意。有效地落实这个系统，让教室充满活力和包容性，这最有可能让人们相信这个系统是值得的。如果做不到这点，那么相信它的人就会越来越少。

如果教师表示担心，你可以在以下两个方面提供灵活性：

● 教师可以使用多种不同的表达来要求追踪，它们之间的差异可能是比较明显的。例如，说"同学们，请把你们的目光投向我这里"或"同学们，请把你们的目光投到凡妮莎身上"与说"请看着我"或"请大家看着凡妮莎"的感觉是不同的。有些老师可能更喜欢后者的直接和清晰，有些人可能更喜欢前者的温和。给他们以不同的方式表达想法的自由度，可能会让一些不情愿的老师更舒服，或者帮助其他人觉得他们在提出要求时可以更真实地做自己。

我们对学生发出指令的时候也是我们解释这样做的原因的好机会，这件事本身对学生和教师都是有好处的。这里有一些有用的表达：

- "现在发起'追踪'是非常重要的。"
- "一定要通过眼神追踪来表达你的赞赏。"
- "各位同学检查一下自己，确保你的目光现在在凡妮莎身上。"

第一个例子允许老师通过强调这一时刻的重要性来提醒学生。第二个例子提醒学生这样做的目的（它绝不是坏事）。第三个例子做出了最好的假设——也就是说，它假设那些没有追踪的学生只是忘记了，在被提醒后他们就会遵循这个规范。

它也有助于提醒教师，追踪以及其他注意力习惯的工具都应当是默认系统。也就是说，我们应该安装它们，这样我们就可以在需要的时候简单方便地使用它们。但我们也可以暂时关闭它们。让教师想出他们用来关闭默认设置的短语，并就何时可以这样做进行公开讨论，这也可以帮助他们建立信任。这里有两个我们特别喜欢的关闭默认系统的例子：

- "如果你在记笔记或者看资料，就不需要追踪了。"
- "你可以追踪，也可以记笔记。在讨论期间你可以二选一。"

过程公平（显然）也适用于学生，尽管这有点不同，因为在大多数情况下，学生当然不能决定最终是否实施某项政策——包括针对我们现在讨论的这个政策，其实我们认为这个政策能带来的好处显而易见，实际上可以不需要通过投票决定是否采用。如果15个人想试试，15个人不想呢？系统只有被广泛使用时才能发挥作用。（当然，为神经发散型或有其他特定学习需求的学生提供灵活性是合理的——那是另一种情况。）

所以，当他们还不具备足够的经验来做出判断时，与其在实施政策前询问意见，为什么不试试在过程中询问呢？

以下是我们的方案。它主要针对年龄较大的学生，因为我们认为年龄较小的学生不太可能反抗。

1. 小心地展开解释。当你这样做的时候，要解释背后的原因。可以考虑给学生看一段视频，这样他们就可以看到有了"注意力习惯"之后的教室是什么样子的。重点阐释社会契约：长期的互惠与日常的小需求。

"我想，你会惊讶地发现这会给课堂带来的改变，以及你们由此会收获的支持和鼓励。我有信心，这将有助于建立一个环境，让你们学到更多，互相帮助，更接近自己的目标。很快它就会成为一种习惯。"

最近，我们与一位学校领导讨论了在"基于个体的解释"（这件事会对你个人有好处）的基础上增加"基于群体的解释"（我们要建立起这个习惯，因为我们对彼此都有责任，这样你就会帮助你的同桌变得更优秀）的好处。这有助于学生看到工作中的社会契约，并理解更广泛的文化才是目标。

无论如何，一开始的关键并不在于学生们是否完全同意——他们还没有真正了解足够多的知识来做出判断，因为他们还没有尝试过——而是他们是否理解。如果他们相信你这样做是为了他们的长期利益，如果他们相信你这样做的理由，你就准备好继续前进了。大多数青少年都明白，教师的存在是为了帮助他们做那些有利于他们长远利益的事情，即使他们不是每天早上起来都想做那些事情。十几岁的时候，我们四个都不喜欢写作。我们翻白眼抱怨。但最终我们还是认真去做了，因为我们明白写作对我们会有帮助，我们对此非常坚信。青少年们知道，学校会要求他们克服天性进行自我修炼，而不是追求享乐。但如果他们明白原因，如果你要求他们坚持到底，他们很可能会愿意试一试。

2. 试几个星期。一定要坚持到底，这样学生才能体验到高质量的"注意力习惯"。确保他们用它来讨论真正有价值和重要的话题。接受是一个结果，而不是先决条件。让学生们以一种有意义的方式谈论一些重要的事情或一起解决一个具有挑战性的问题，他们将更有可能察觉到差异。

3. 然后询问他们的反馈，重点不是是否，而是如何：

"我们已经这样做了几个星期了。现在拿出最成熟的自己，那个想要有所作为、关心未来的自己来回答我：你们感觉如何？感受到不同了吗？我们是否需要进行一些调整来更顺利地推行它？转身和你的搭档讨论。"

这是另一种你可以播放视频的情况。"太好了，让我们看看德纳留斯的学生。我们能从视频中学到什么有用的东西？"（如果你要和学生围绕视频进行讨论，可以告诉他们：德纳留斯班上的所有学生都上了大学。视频的主人公费根刚刚从一所顶尖学校毕业！）

4. 根据需要做一些小的改变，但要坚持下去。

"讨论的习惯"：平凡但重要的归属感信号

让我们回到德纳留斯的课堂上，福卢绍在讨论开始时对凡妮莎的话做出了回应。正如我们之前提到的，福卢绍说："好吧，我同意凡妮莎的观点。我认为答案A是求倒数，倒数和反函数不是一回事。"她的话反映了另一种看似平凡但至关重要的归属感信号，这种信号在德纳留斯的课堂上不断在学生之间传递。

福卢绍一开始就明确提到了凡妮莎之前的评论。她简要地引用了凡妮莎说过的话（"我认为 A 是求倒数"是对凡妮莎观点的重申），指出了她的名字，然后解释了她的观点与自己观点的联系（我同意并打算扩展她的想法）。在这样做的过程中，她传达了凡妮莎话语的重要性。她认真地听了她同学的发言，认为她的话很重要。这可能听起来微不足道，但在课堂上却经常发生相反的情况。像凡妮莎这样的学生说话了，下一个说话的学生没有丝毫迹象表明之前的评论是重要的或曾经发生过。也许她的观点完全无关紧要。它传达的信息是：没有人认为这值得回应。有时候一个学生会用这样的句子开始，"我想说的是……"潜台词是："凡妮莎刚才说的，在我听的程度上，是无关紧要的。我的观点与她刚刚是否发言毫无关系。"他们的同龄人对数千名凡妮莎的回应表明，他们的评论在很大程度上与他们的同龄人无关。同样，这种信息往往是通过沉默传达的。如果在你发表评论后根本没有人回应，如果你的观点对你的同伴来说显得并无参考性、没有价值，你很快就会学会停止说话。

我们会常常身处福卢绍的立场，在说话时想我们表达的观点是否有意义，然后被大家的"响指"所代表的含义所激励，我们常常也会身处凡妮莎的立场，然后在讲话后想：我刚刚应该这样说吗？大家听到、在意、重视我说了什么吗？

与20年前相比，担心自己的话会被忽视的焦虑在我们的生活中更加普遍，对青少年来说更是如此。点赞按钮是强迫性使用社交媒体的驱动因素。青少年发布他们的想法，然后查看点赞，然后再查看点赞，因为他们渴望得到同龄人重视他们所说的话的确认。这应该提醒我们，肯定是多么强大，我们在说话后是多么渴望它。我们说话是因为我们希望我们说的话对别人有意义——至少这应该是说话的主要目的之一——然后我们就等着房间里的人告诉我们是否有意义。

在课堂上，人们是否重视我所说的这个问题的答案主要来自同学而不是教师——尤其对小学以上的学生。就像我们在"注意力习惯"中讨论的信号一样，它是用一种经常被忽视的信号语言来传达的。一般学生在回答完一个问题后，会环顾整个教室，同样可能看不到多少回应或感兴趣的迹象。如果出现肯定的信号，那一定是意外。通常这会提醒她，她与她的许多同龄人是脱节的——或者至少当她积极参与课堂学习时是这样的。她离开房间，准备以其他方式确认或赢得与同龄人的归属感。

想知道你的话是否被忽视，被认为是无关紧要的，或被蔑视，这是一个强烈的阻碍参与的因素。或者，它可以成为一种强烈的动机，把一场讨论变成一场争论，目的是赢得胜利，证明你的话很重要。这分裂了他们，而不是连接他们。

有趣的是，如果福卢绍不同意凡妮莎的观点，但她说了一些类似于"我和凡妮莎的看法不同"的话，她仍然会肯定瓦妮莎说的话——以尊重的态度回应，认可评论的重要性和相关性。这似乎有点矛盾，但仍然很重要：不是只有同意才能让凡妮莎感到被肯定和自己是重要的。如果她回应凡妮莎，但恭敬地不同意她的观点，她发出的是更积极的强化信号，是更强烈的归属感信号，相较于她分享了与凡妮莎一致的观点，但不提及她的贡献。如果她把凡妮莎说的话换一种说法，那就更是如此了。（"我和凡妮莎的看法不同。我真的不认为这是倒数。"）她会证明她在认真听凡妮莎说的话，并思考她的论点。仔细倾听并回应别人的想法是一种归属感的信号，即使你不同意他们的观点。（事实上，它可以让我们更容易诚恳地表达不同意见。）因为这些信号很微妙，当它们没有出现时，我们往往会忽视它，但它们对于建立最佳的课堂文化至关重要。

我们是否有必要指出倾听不仅是一项关键技能，而且可能是一项即将消亡的技能？在这个注意力分散的世界里，认真倾听是首要的事情之一。在充满点赞诱饵的社交媒体的世界里，它很少被运用，在那里，许多交流的目标不是参与实质性的讨论，而是得分，获得点赞，并"驱赶"那些不同意的人。是否有必要指出当我们不去倾听与我们交谈的人时，对话会让我们分开，而不是连接我们？回顾一下我们的政治进程，或许可以让我们停下来思考一下我们在课堂上进行讨论的方式：高声的、坚决的慷慨陈词可以获得分数，而认真倾听、寻求理解或抑制自己觉得在短短几秒钟的思考后就找到了"显然"的正确答案的冲动却得不到或者仅有很少的分数。我们生活在这样一个世界，人们在停止说话后会交叉双臂转身离开。这个信息是，他们对自己的观点如此执着，以至于潜在的回应并不重要，不可能影响他们。这样做的社会和政治代价是巨大的，我们应该小心，不要在教学中强化它。事实上，社交媒体使人们更加习惯于在交谈时略过对方，忽略彼此的话，这使得在课堂上建立一个肯定的环境变得更加重要。

德纳留斯用来做这件事的技巧叫作"讨论的习惯"。它包括学生引用或改写之前的评论，引用提出观点的人的名字，并将自己的论点与之联系起来：

- "我同意是因为……"
- "我不同意是因为……"

- "凡妮莎谈论的另一个例子是……"

- "我想在凡妮莎之前说过的基础上……"

- "我和凡妮莎的看法不同……"

- "我认为你可以换个角度看这个问题……"

在德纳留斯的课堂视频和我们在这里介绍的其他视频中，这样的短语一遍又一遍地出现。

在德纳留斯的课上大约3分钟时，奥莫温米解释了解决方案后，杰沃恩说："现在我想了想，我同意奥莫温米的观点……"对于正在努力向全班解释所学内容的奥莫温米来说，还有什么比这句话更能带来肯定感呢？

费根在视频一分半钟的时候用了一个更微妙的例子。通常情况下，她都是很快就开始表达自己，但即便如此，她在开始时说道，"除此之外，你还可以反推"。"除此之外"这个词提醒了课堂上的所有人，她是接着福卢绍结束的地方继续说的。

就连德纳留斯也用这个技巧！"是的，所以我同意奥莫温米和杰沃恩的观点。"他说着，结束了讨论。

丹尼尔·科伊尔告诉我们，归属感是火焰，需要不断地用微小的信号来滋养。对之前说话的人肯定、重复和有意做出反应的习惯会不断发出这些信号，即使说话的人不同意。

协同中的工具

德纳留斯的教室里充满了建立归属感的信号，包括打响指、与讲话者进行眼神交流、表达积极肯定的肢体语言、神态动作和语言上的肯定。这些信号之所以频繁，是因为他创造了系统来交流和放大这些信号。当学生们沉浸在反映了他们志向和目标的学业任务中时，这些信号最为明显。

你也可以在布伦娜·廷德尔的视频中看到这三种技巧是如何结合在一起的。在视频开头，她写了一些板书，让学生们"转身讨论"，然后布伦娜请阿德里尔先分享一下。这是一个"随机提问"，所以对阿德里尔来说，让他感受到爱是加倍重要的。"接下来我们要继续把视线放在阿德里尔身上，"布伦娜说，"让我们为阿德里尔打响指。"她对着阿德里尔和他的同学们热情地微笑着。

这是阿德里尔（最左边）准备起身回答时班级里的样子。

归属感和支持的信号既是视觉上的（追踪和微笑；每个人看起来都很感兴趣），也是听觉上的（一波又一波的响指声）。这些响指甚至为阿德里尔争取了一些时间让他缓解紧张。

这里要补充一点：有些人认为"随机提问"（号召那些还没有举手的学生去志愿完成）是一种苛刻和侵犯性的做法。我们的观点正好相反。询问阿德里尔的意见，单独给他一个机会让他表达，这表示他的声音是很重要的。"房间里这么多人，"布伦娜说，"我们很想听听你的想法，阿德里尔。"

几乎没有什么比这更具有接纳性了，通过支柱、注意力习惯和讨论的习惯帮助他成功，布伦娜正在帮助他建立自信。当他做得好时，就像他在视频里表现的那样，他就会得到大家自发的"响指"，他就更有可能开始认为在课堂上发言是他可以做好的事情。他就更有可能主动发言。

蕾妮接下来被邀请发言，我们可以看到并感觉到同学们的注意力都转移到了她身上。这张图显示了他们的归属感信号。

注意到布伦娜从头到尾是如何有意示范感兴趣和专注的肢体语言的。他们做得很好，部分原因是她示范得非常仔细。蕾妮说话的时候她会自发地打响指，然后全班都开始打响指（布伦娜的非语言提醒强化了这一点）。视频以尼拉的回答结束，同样地，她也通过大家热烈的眼神交流、真诚的感兴趣的表现和一波又一波的响指得到了肯定。

布伦娜也在积极建立"讨论的习惯"的系统。她要求塔诺以蕾妮的回答为基础——也就是说，她提醒塔诺用"讨论的习惯"来与蕾妮的想法建立联系。我们也看到她肯定已经教过学生如何使用我们上述提到的句子范例，因为尼拉开始时首先说："我尊重你的意见，但是我有不同的看法……"说明她学到了并且认同：如果我们可以用友好的方式发表反对意见，这同样可以使一个群体中的人相互连接，并且这种联系会通过"尊重"这样的字眼得以加强。这不仅让塔诺感到被肯定，而且可能会让尼拉更有可能分享她的真实观点，因为反对并不总是意味着与同龄人发生冲突。

如何开始建立一个习惯

我们的挑战在于，德纳留斯和布伦娜所依赖的系统在这些课程开始时已经深深地嵌入到他们的教室中，所以很难看到他们采取了哪些步骤来设置这些系统。在某种程度上，如果可以看到他们在开学第一天是如何在教室里解释这些方法的可能会更有用，比如："这就是我们为彼此打响指的方式。这就是我们要努力注视彼此的方式。这就是我们在讨论中如何把我们的想法联系起来。以下是我们要做这些事情的原因。"

虽然我们没有德纳留斯和布伦娜第一天教学的视频——事实上，没有单一的第一天，而是一系列的解释和不知疲倦地加强思想的日子，这里要提一下本·霍尔第一天在教室里建立"讨论的习惯"的视频。本在英国伊普斯威奇学院任教，视频不仅展示了他如何在教室里第一次使用"讨论的习惯"，还展示出他如何向学生介绍这个习惯的用法并让他们体验到一次成功的讨论。

正如我们的同事保罗·班布里克（Paul Bambrick）所观察到的，接受是一种结果，而不是先决条件。所以本在视频中的目标不仅是向他的学生解释"讨论的习惯"，而是让他们感受一下就一个具有挑战性的话题进行合作对话的感觉。所以他选择在一堂有真实内容的课上引入"讨论的习惯"，这堂课的主题是英国的死刑。重要的是，这是一个他们已经花了好几节课研究的课题。当参与者获得充分信息时，讨论就会基于事实并相互产生联系。当参与者缺乏知识时，他们就会依赖情感，有时还会谩骂。这使他们分开，而不是连接。显然，这不是本想要的。

因此，毫不奇怪，他的第一步是要求学生复习笔记，熟悉他们支持和反对死刑的论点。有趣的是，他们不得不两者兼顾。也就是说，他要求他们在展开辩论之前，以书面形式为正反方都写出论据。我们喜欢这个动作。我们经常看到青少年被鼓励立即分享他们的观点——这显然迫使他们立即形成对某个问题的看法。但我们注意到，聪明人往往会在收集了所有证据并经过一段时间的思考后才对一个问题形成观点。不需要着急——或者不应该着急。

顺便说一句，相信推迟做决定的价值可以从教师在讨论中使用的语言中反映出来。布伦娜要求塔诺"补充新观点"——她不鼓励他站队，只是补充。德纳留斯要求学生"你可以表示同意、不同意或者发表新观点"。这些短语与我们经常听到老师使用的"同意还是不同意"形成对比。就其本身而言，"同意或不同意"意味着只有两种选择：要么选择这一方，要么选择另一方。添加"发表新观点"的选项指定了一种无须决定就能参与和反思的方式，巧妙地暗示现在下结论可能还为时过早。

本给了他的学生一点时间来回顾他们之前的想法，但有趣的是，他们对"转身讨论"太熟悉了，他们以为这就是他要求他们做的，房间里立刻开始讨论。本迅速打断大家。"不好意思，大家停一下，我可能没有说清楚，现在不要讨论，现在是阅读和思考时间。"注意他对技巧的典型运用——假设最好的——本认为他没有讲清楚是学生没有听从指示的最合理的解释，并表明这是他第一个想到的。尽管在任务上出现了沟通失误，但我们已经可以从反应中看出，在这个班级里大家会遵循规范，积极参与课堂学习。我们稍后会讨论到，这就是建立如"转身讨论"一样的日常教学任务的一个基本清晰、合理的流程。

经过一番讨论后，本接下来使用了学生们期待的"转身讨论"。他允许他们在一个风险较低的环境中，提前演练他们稍后可能在小组讨论时要发表的观点。这种情况下，排练不仅意味着他们可以预先练习发言、组织语言以便稍后更清晰、自信地表达，还意味着他们可以预先看到同伴们的反应。你可以感受到肯定的信号——点头、热情地聆听你的发言——这些可以让你得到有关自己最初想法的反馈信息，并帮助你进一步完善它。

在默读和通过"转身讨论"进行的简短排练之后，本介绍了"讨论的习惯"模型。注意，他明确地称之为模型，暗示这是他们会反复使用的东西。他展示了一张包含三个特别重要的信息的幻灯片。

首先，它概述了讨论将如何进行。本会先叫一名学生发言，然后其他人加入，最后再选一名学生进行总结。本首先会进行"随机提问"，所以学生们被激励要更加认真听讲。尤其好的一点是在讨论的最后他选择了会加强联系而不是分裂彼此的做法。讨论以总结我们所有人说过和谈论过的内容而结束，而不是得出一个单一角度的最终观点。

其次，本给学生提供了他们可以扮演的潜在"角色"：发起者、建设者、挑战者、总结者。这是一种蕴含智慧的做法。命名角色可以帮助学生理解他们在讨论中可能做的事情的目的。他为一些本可能不太明显的行为进行了定义：比如，建设者作为补充新观点的人，他们是讨论的重要参与者。在本的课堂上，不同意不是争论，而是挑战。这是一种更加学院化和以群体为导向的框架。将他们称为"角色"的方式可以让学生在心理上有一点安全感地参与讨论。他要求他们表明立场，表达意见，但这只是一个"角色"。如果一个学生没有完美地表达出自己的想法，他也可以有一点退路（我只是在扮演一个角色）。或者某个学生只是为了体验发起者的角色而选择成为发起者。这种方式可以让学生与他们所表达的观点保持距离。他们可以不同意或犯错误或改变主意，而不会显得针对个人。如果友谊因为可能出现的分歧而变得紧张，有一个简单的方法可以挽回：我（或你）扮演了挑战者的角色。

事实上，在安迪开始讨论之后，本叫了山姆，用语言提醒大家他将扮演一个角色。"山姆，你想做什么？"

山姆回答说："我将是一个挑战者，我不同意你的观点，安迪。"他非常清楚地提到自己扮演的是本所概述的角色之一。他似乎感受到这种低风险是让人安心的，所以也欣然接受了这种做法。也许他要在一个小时后的课间休息时在操场上见到安迪，所以希望在讨论敏感话题时能与安迪保持安全距离。在扮演一个角色时，他可以以最小的风险反对或试验想法。

最后，请注意下面本写在幻灯片上的在开始发言时可以使用的有用短语。这些与我们在德纳留斯的课上听到的学生们使用的短语相呼应。通过这些短语，学生可以学到如何与他人的观点建立联系，并且学到参与讨论可以有很多种方式，而不仅仅是赞成和反对。是的，你可以以"我同意/不同意"开始你的发言，但你也可以说"在那个观点的基础上……""与那个观点有联系的是……""说……是有争议的"。特别是最后一个句式，这是一个很好的例子，它在尊重别人的意见的同时，用机智和微妙的方式提出不同意见。(我并不是说我确定或我持有这种观点;我只是说,有人可能会对此提出异议。)

非常重要的一点是,本将幻灯片投影在屏幕上,让学生在接下来的讨论中看到。学生们一直使用这些短语并不是巧合。

我们应该把死刑重新纳入英国法律吗?

发起者	建设者	挑战者	总结者
发起讨论	发展思路	提出另一个想法	分享要点
我想首先说……	基于这个想法,我认为……	你说过……	总的来说,要点是……
我认为我们应该考虑……	我很冒昧,我想补充一点……	但我认为……	我们的讨论集中在……
有没有人想过……	联系到这一点,我认为……	我不同意你的观点,因为……	今天提出的主要观点是……
		有人认为……	

(本的"讨论的习惯"的幻灯片内容,以便你借鉴和使用)

请注意,莉莉被点名分享她的看法,她虽然不同意里斯的观点,但是她还是先总结了里斯的发言。她展示出她理解他的论点,并且她有不同的看法,她在挑战同学的同时也表现出了尊重和欣赏。你可以说群体就是在那一刻建立起来的,虽然大家存在公开的分歧。这在当今是非常罕见的事情。

接下来,乔被邀请加入对话,他引用了安迪和里斯的评论。自从安迪提出他的意见后,里斯、山姆和莉莉都发言了,值得注意的是,乔还记得!当然,这向安迪发出了一个关于他的话的影响力的明确信息。这表明,强调回应的重要性会对学生的倾听产生影响。

值得注意的是，莉莉和乔并没有完全按照本的建议使用这些短语，尽管其他学生这样做了。正如我们一开始提到的，他给了他们一个模型，他们已经在适应它。这一点很重要，因为当我们讨论课堂系统时，有的人会说它会使人们的行为"脚本化"，使他们失去自主权，因为你告诉他们"该怎么说话"，但这低估了学生。大家快速地模仿，然后聪明和思想独立的他们几乎立即开始适应和内化，使系统变成他们自己的东西。德纳留斯课堂上的"打响指"就是一个例子。你可能会说这都是培训好的，甚至是提前规定好的，但事实上，学生们会用他们自己的风格来使用它，并对它进行改编。这是学生使用"脚本化"短语的方式。脚本是学习模型的好方法，但它不会一直是脚本。本在这里提供的短语也是如此。我们甚至还没有完成第一次应用，学生们就已经把这些短语改编成自己的了。

回到本的课堂上，西耶娜正在讲话。她以"以莉莉的想法为基础"开始，再次引用了之前的评论，展示了她的倾听，并肯定了她的同学的贡献。我们看不见莉莉，但她此刻一定觉得自己很重要。很快，在五分钟的时间内，学生们就学会了如何使用本的模型相互交流，将评论融入到讨论中。

视频的最后，本叫凯蒂做总结。坦率地说，她很擅长描述同学们表达的各种观点，而持有这些观点的人可能会认为她的描述是准确的。注意她的自我纠正方式。她说："我们讨论过，大多数人认为……"但她又重新考虑了一下。实际上，房间里的人持正反意见的人平分秋色。她以为是大多数人，但事实并非如此。"很多人认为我们应该……"她说，这表明她是多么认真地听取了这些论点，并且她准确理解了班级里不同学生的立场。她对这种分歧似乎也很坦然。这不是一个用观点来测试动机的场合。这是安全的谈话。我们不应该低估这一点。许多或可能是大多数学生认为在课堂上分享他们所有的意见是不安全的。一项对近2万名大学生进行的调查发现，超过60%的人会在课堂讨论中自我审查自己的观点。这些数字显然不是针对K–12教室的，但它们表明了一个更大的社会问题，这个问题几乎肯定也存在于我们的学校中，并产生了深刻的心理影响。你很难觉得自己属于一个不能公开表达自己观点的教室。

设计和执行"讨论的习惯"

"讨论的习惯"非常重要，值得再分享一个视频，我们想要分享的这个视频尤其有价值，因为它展示了如何在更年轻的学生身上使用（和教授）这个技巧。至关重要的是，它还展示了教师如何特别关注对现在的青少年来说尤其重要的人际交往和对话技能（许多人严重缺乏这些技能）。

在视频中，伦敦索莱贝小学（Solebay Primary Academy）的弗兰·古德希普正在努力教她一年级的学生如何进行讨论。一个有用的背景是：我们关于弗兰的视频是在2021—2022学年的头几周拍摄的，这意味着弗兰的许多学生从未作为孩子度过一个正常的学年——甚至是一个正常的社交之年。也就是说，没有隔离和社交限制的正常的一年。

弗兰让学生们讨论一个故事中名叫马修的角色为什么想隐形。请注意，像本一样，她告诉学生他们将进行讨论，这样他们就可以意识到她所教的技能将应用于什么语境。

她从泰伯开始。注意他的同伴的即时反应。他们转过身来面对他，他得到了归属的信号。但也请注意弗兰，她是如何明显地示范那种身体和面部语言，显示出兴趣和联系的。在这张图中，当泰伯说话时，她歪着头表示出了兴趣。

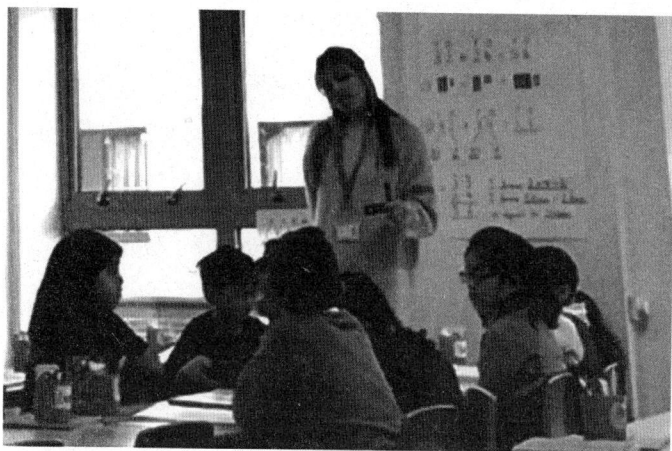

她这么做可能有几个原因。对于年龄较大的学生来说，来自同龄人的社交暗示比老师的回应更能够影响其动力和行为，但对于年龄较小的学生来说，情况就不那么明显了，他们显然对取悦老师更感兴趣，而且更有可能听从老师的建议。因此，弗兰也要向他发出肯定的信号，这是很重要的，尤其是他的发言时长长达30秒左右时。"你做得很好。"她专注的肢体语言在说。当然，她也在向同学们示范如何表现出兴趣和肯定。事实上，在整堂课上，她强调以一种略微夸张的方式来示范如何发出非语言的归属感信号。年龄小的学生还不知道那些德纳留斯的学生可以明白的暗示。我的脸和身体该怎么做来表达我对你说的话表示赞赏？弗兰从头到尾都在做示范。

泰伯可能有点紧张，他说了很多，但并没有真正回答这个问题。这在年龄较小的学生中很常见（有时年龄大的学生也会这样），这突出了一种重要的讨论技巧——专注于我们提出的问题。如果我们谈论的东西是明确的，那么一起努力解决问题就容易得多，所以弗兰把泰伯的注意力带回到这个问题上。她还示意另一个同学把手放下，这样泰伯就可以不焦虑或不分心地继续讲下去。我们讲过归属感的积极信号。同样值得注意的是，当你说话时别人举手可能是一个信号，告诉说话的人教室里的人已经"受够"了你所说的，并且决定应该轮到他们回应了。在这种情况下，他们很有可能不再听了。这对谈话是一个很大的阻碍。

在勇敢的坚持之后，泰伯让大家逐渐接近这个问题的答案了。注意弗兰在这里使用的打响指。她还没有完全给学生建立这套"支柱"系统，但她已经开始建模，让学生熟悉它——这是当你做得好的时候会发生的事情。她还向他迅速地摆动了一下手指。她正处于建模的早期阶段，以大致相同的方式让他们熟悉"发送光芒"的想法。

现在她点了伊莎的名，她在叫伊莎时使用的语言也是有清晰的含义的："在这个基础上……伊莎……"这是一个提示，让伊莎把她的想法和泰伯的想法联系起来，并将对话编织在一起。当伊莎开始回答时，你可以看到弗兰模仿的清晰而略带夸张的肢体语言。她在刻意表现出"感兴趣"的样子。她甚至摸着自己的耳朵向学生们暗示：这就是我认真听讲时的样子。

弗兰非常注意眼神交流，确保泰伯和伊莎知道她在认真听，但注意当伊莎说话时，弗兰至少两次快速地瞥了其他学生一眼，好像在提醒他们也应该追踪伊莎。

伊莎认为，在故事中，马修因为他穿的羊毛而感到尴尬。作为回应，弗兰做出了另一个聪明的举动来放大归属感的信号。"如果你认为马修在第一段很尴尬，请举手。"她说，所有人都举起了手。她想让伊莎知道她做得很好，走在正确的道路上，但她希望信号来自她的同龄人。我们已经注意到，同伴的认可是有力量的，即使在小学阶段，至少它可能略弱于老师的认可。但在这里伊莎两者兼得。她在这里的举动也实现了类似德纳留斯课堂上所做的"如果你同意就打响指"的效果。他们将自己的认可与伊莎的观点联系在一起，同时也进一步熟悉了弗兰正在建立的规范。

在对已有的讨论做了一个简短的总结之后，弗兰点了贾米拉，问她是否同意伊莎和泰伯的观点。注意，她指向贾米拉，让同学们知道她在哪里，并提醒他们追踪她——这引导了他们的注意力，让他们更好地倾听，也让贾米拉感觉到被倾听了。她摆动了一下手指，"发送魔力"的方式让被点名变得很有仪式感。这样的做法为严肃的"随机提问"增添了可爱的感觉。"随机提问"显然是一种邀请——还有什么比询问别人的意见更具有接纳性的呢？但这种轻松的姿态增加了积极性。

扎拉是下一个，弗兰再次要求她在贾米拉所说的基础上进一步解释。弗兰表现得太稳定了。她又一次示范出积极的倾听的动作。她再次要求学生不仅要参与，还要把他们的想法联系起来。

扎拉不由自主地说出了一句动人的话："我想补充贾米拉说过的话。"这表明她已经内化了这种关联他人想法、尊重其他参与者的交流方式。

"转身讨论"和"提问与回答"

疫情结束后的头几周，英国普利茅斯海军学院的一切进展顺利。助理副校长说："在课堂教学方面，我们已经取得了长足的进步。"珍·布里明告诉我们，一些固定的流程，如"全班动笔"和"随机提问"[①]，让所有学生都能稳定地参与课堂。学生们会开始进行很多的思考，并且通常是高质量

---

① 出自《像冠军一样教学3.0》（*Teach Like a Champion 3.0*）。

的思考。但是这比教师们期望的效果好像少了一些活力，感觉有点过于安静了。"它有点像一座大教堂，"布里明说，"非常富有成效，但也相当安静。"从归属感的角度来看，这种观察很重要。我们希望让学生们努力学习，享受学习的乐趣，让彼此可见。如果他们没有清楚地看到他们的同伴有多投入，这对他们的影响就不会那么大。他们不会感到明确的归属感。

马丁·塞利格曼提醒我们，幸福的关键之一是投入——全身心地投入到一项能让你充满活力和动力的活动中。人们（包括塞利格曼）经常使用"心流"这个词来指代这种状态。这个术语是由心理学家米哈里·契克森米哈赖（Mihaly Csikszentmihalyi）创造的，他的大半生都在研究它。契克森米哈赖指出，心流状态对人类来说是非常愉悦的。忘记时间，全身心投入，尤其是作为一个团队的一员，这是一种强大的吸引力。也许正如第1章所述，这是进化的原因，与持久狩猎等任务在我们生存中的重要性有关。不管怎样，契克森米哈赖观察到，这种体验是如此令人愉快，以至于人们会一直持续这样做，甚至不惜付出巨大代价，只是为了能进入这种状态。

如果我们想让学生感受到与课堂的联系，那么让他们感受到我们在德纳留斯的课堂上看到的那种动力和进步是很重要的，在那里，学生们快速地从一个任务跳到另一个任务，深入地思考并广泛地涉猎不同知识。大多数情况下，这都是通过熟悉的例行流程来实现的，这些例行流程都有清晰、干脆的指示："我们有分歧了。转身和你的同伴讨论。来吧。"

所以珍和她的同事们开始为这个方法铺路。他们希望教室的声音能传达出活力和归属感，他们选择了两种方法来丰富他们的教学技巧："转身讨论"和"提问与回答"（Call and Response）。

顺便说一句，这里有一个隐藏的前提，关于教学方式和课堂氛围，整个学校应当有一个统一的风格，这不是一件小事。单靠一个人很难建立企业文化。如果能在全校范围内推行"讨论的习惯"以及珍和同事们努力推行的其他系统，它们就会更有影响力，也更有可能被贯彻下去。如果学生们走进任何一间教室，都能看到大家以他人的发言为基础进行阐述，用非语言的方式表达对同学想法的欣赏，他们很快就会养成这个习惯。但如果有的教室里这样做，有的不这样做，那么它就不太可能成为他们的第二天性。德纳留斯和布伦娜的课堂也归功于他们的同事，他们都致力于建造同一种建设文化的工具，他们共同的承诺帮助他们取得了成功。

如果实施得当，"转身讨论"会使和同伴讨论变成一种习惯。这本身就是一种建立联系的好方法。"转身讨论"也让学生在整个小组讨论之前预演发言，这样他们更有可能参与其中，并在这些活动中感受到联系。除此之外，"转身讨论"实施之后教室从听觉上也更像一个社区。想想当德纳留斯在课堂上让学生开始"转身讨论"时房间里的声音，房间噼里啪啦地活泛起来。这种声音对学生来说也是一个信号——全班同学都要准时、积极地参与。这体现了能量、积极和归属感。

不要再忽视"提问与回答"了。在地球上的每一种文化中，人们通过唱歌和吟诵来巩固他们在群体中的地位。当我们一起唱歌或吟诵时，我们在视觉上和听觉上都是统一的。我们因此确认了彼此的联系，也确认了我们是一个有意义的集体的想法。历史学家威廉·麦克尼尔（William McNeil）创造了"肌肉结合"（muscular bonding）这个词，用来描述"人们随着音乐或吟诵一起进行有节奏的动作时所引发的令人兴奋的连接感"。他假定，每个人都能感受到它的吸引力，一起游行、跳舞或吟诵是构成社会和身份的关键制度的一部分。

即使过程很短，集体吟唱或唱歌也能产生深远的影响，但这也是我们理性的、个人主义的自我很可能忽视的东西。"提问与回答"仍然能够向群体发送归属感信号，它再次让人想起丹尼尔·科伊尔的观察："归属感感觉上是由内而外发生的，但实际上是由外向内发生的。"学生们觉得他们有归属感，是因为他们表现得有归属感。

在珍·布里明的教学视频中，珍利用这两种技巧使课堂变得生动起来。

珍在开始首先介绍了今天要学的单词：reprehensible（应受谴责的）。她用非语言的方式示意学生重复。学生能看到其他人都在热情地回应。这堂课才刚刚开始了5秒钟，但是一种积极、投入的文化已经得到了加强。紧接着，她让学生们在书上简短地记下定义，学生们带着活力与干劲迅速记下来。他们在这节课开始后的12秒内做了两个独立的动作，房间里的一个学生看到他周围的人在这段时间内参与了两次活动。这种氛围是显而易见的，一种积极的、融入的和充满联结的参与规范已经出现。此外还有一种愉快的团队感。有些人认为学生们不会喜欢这种东西，认为"提问与回答"的控制感太强，但就学生而言，他们似乎很满意。

在两名学生被点名起来读一下概念和示例后，珍让学生们快速写下对于"为什么从慈善机构偷窃是应该被谴责的"这个问题的第一想法。注意语言带来的巨大影响。大家不会因为担心写错而迟疑不敢动笔，因为"第一想法"暗示了他们稍后有机会进行修改和补充，"快速"这个词也降低了任务的风险性。我们很容易看到快速启动能带来的效果。整个过程参与度高、充满活力，珍用不间断的活动抓住学生的注意力：这是建立流程的一个示范。在珍的课上，你总是在思考、讨论或写作。在这门课上，你突然看一眼时间，发现45分钟已经过去了。

在社会情感面临挑战的时代，这是有益的反思。老师们可能会忍不住以"签到"的方式开始上课，以一种没有脚本的方式询问学生们的情况。在教室里四处走动，试图让尽可能多的同学参与进来："你呢，凯西？周末过得好吗？"这样做的一个缺点是，课程开始得很慢。学生们可能会走神，可能会觉得他们的时间没有得到充分利用。

我们并不是说和学生打招呼没有好处。我们只是在想，在很多情况下，是否有比在上课时做这件事更合适的场合？我们认为，课堂应该迅速启动，调动学生，这会让他们愉悦。让他们有事可做，他们就会觉得你很珍惜他们的时间，也说明了他们很重要。你可以从他们对珍在视频开始一分钟时发出的"转身讨论"的回应中看到。我们看到过很多课堂在教师发出清晰、明确、快速的"转身讨论"指令后变得生机勃勃起来，但下面这个例子绝对堪称典范。

泰瑞–安妮被点到回答问题，你现在应该能清晰地看到她周围的归属感信号了。当珍叫泰瑞–安妮时她提醒大家要开始"追踪"，于是整个班级都转身，充满鼓励地对着安妮微笑。在珍问"大家同意吗"时，响起的响指声表达了大家对安妮的肯定。大约1分45秒时，又有一个快速的、热烈的"转身讨论"，珍用同样有力的语言让学生们迅速完成任务。在这个案例中（和上一个案例一样），在"转身讨论"之前珍让想发言的学生举手——他们表示了想要回答问题，然后珍让同学们开始"转身讨论"，使他们每个人都有了表达的机会。教室里几乎充满了能量，有一种集体的氛围——我们所有人以一种近乎是精心排演好的方式一起学习，每个人都确切地知道如何进行学习任务，这实际上是很有乐趣的。菲比主动回答。她得到的奖励是同学们自发提供的追踪和响指。感觉就像一阵掌声，但速度更快。这样的课堂谁不想参与呢？

在珍让同学们与一个新单词建立连接之前，她已经让大家都参与进来了，所有孩子都举起了他们的手。当凯蒂回答"伪君子"时，全班一齐重复了一遍。（重复单词是非常有用的，因为发音对于阅读它们以及在未来的语境中使用它们是至关重要的。）接下来是又一轮的"转身讨论"，学生被点到回答问题，随后会收到眼神的追踪和打响指的奖励，班级里流动着一次又一次的归属信号、能量和热烈的氛围，更不用说还有一种明显的、带有确定性的上课节奏。整堂课节奏很快，参与度很高。学生们知道接下来会发生什么。这感觉就像篮球、足球或网球的练习——无论是从节奏还是团队般的协调和联系上来看。

正如我们在珍的课堂上看到的，"转身讨论"和"提问与回答"可以促进归属感，使社交中的学生可以经常参与并带着真情实感。这会使他们以不同的方式看待自己在课堂上的角色。丹尼尔·科伊尔提醒我们，归属感往往是由外向内发生的。我看到自己积极参与，然后开始意识到我对学校充满热情。

"参与方式"使"如何参与"透明化

参与方式是我们用来描述你希望学生回答问题的形式的一个短语。"你认为乔纳森是故事中的反派吗？"可以变换成很多种不同的问题，这取决于你希望学生回答的方式，比如你可以要求学生在纸上快速写下他们的"第一想法"（即"全班动笔"），也可以让他们"转身讨论"，或者通过"提问与回答"一起作答，或者让某位同学进行大声回答（主动回答或"随机提问"）。计划好你希望学生如何回答问题通常和问题本身一样重要！

在满足以下两个条件时为提出的问题选择正确的"参与方式"会取得最佳效果：1）当我们清晰、公开地暗示了我们希望学生采用的"参与方式"；2）当每一种"参与方式"的步骤流程已经被深深印刻在日常教学中时。然后他们就可以像珍的学生一样，不自觉地积极参与。

所以我们看到在珍的课堂上，学生们总是很清楚他们应该回答的方式，他们对每种参与方式都很熟悉，并且珍每一次都会以一致、清楚的方式发送提示。其实就是4—5种课堂参与方式以不同的组合反复出现。她从"提问与回答"、"随机提问"和"全班动笔"开始。做"提问与回答"时她给了一个手势（手放在耳朵旁）。学生们明白这个手势的意思。因为它是如此的清晰，他们知道如何去做，每个人都大声地、自觉地喊出答案。珍的默认做法是"随机提问"或者让举手的学生回答问题（也就是说，学生们知道如果珍没有别的指示，这就是他们回答问题的默认方式），所以她不需要发出信号。但当她说"简短记下你的第一想法"时，学生们迅速开始了"全班动笔"的活动，这是他们熟悉的一套程序。从某种意义上说，这个提示是例行流程的一个步骤，她清晰而迅速地传达了这个提示，然后教室里就迸发出了一股活力（如果你还不太相信，可以看看后排的反应）。

和"转身和你的搭档讨论，开始！"的工作原理大致相同：它用一个清晰的信号把学生带到了一个他们熟悉的活动中。他们确切地知道要做什么，并且更积极地回答问题，因为这个过程是一种习惯。在他们的有意识思维中，他们正在学习的材料仍然是最重要的。有了这样的明确性和熟悉度，无论她使用何种参与方式，课堂都会充满生机，因为学生非常享受"知道如何做"的状态。他们享受"不用担心自己是唯一参与的人"的感觉。

你可能会从珍的课和其他几堂课（比如布伦娜的课、德纳留斯的课）

中注意到一件事，那就是如何协同运用常见的参与方式。他们会反复使用某些固定的技巧组合或按照某些特定顺序使用技巧。比如在珍这样的课堂上，让学生先进行简短的书面作业，然后进行"转身讨论"是一个常规的顺序。写好答案后，你会有很多话题可谈。同样地，从"转身讨论"到小组提问也是一个常规顺序，尤其是当后面要进行"随机提问"时。如果每个人都预先说了一遍自己的想法，当他们被点到回答问题时就会更自信，也会表达更多内容。另外，当你发起了"转身讨论"时，他们也大概知道稍后会有一次"随机提问"，所以他们也会做好准备。

我们培训工作坊的一位参与者进行了归纳，并总结出了如下图的流程：

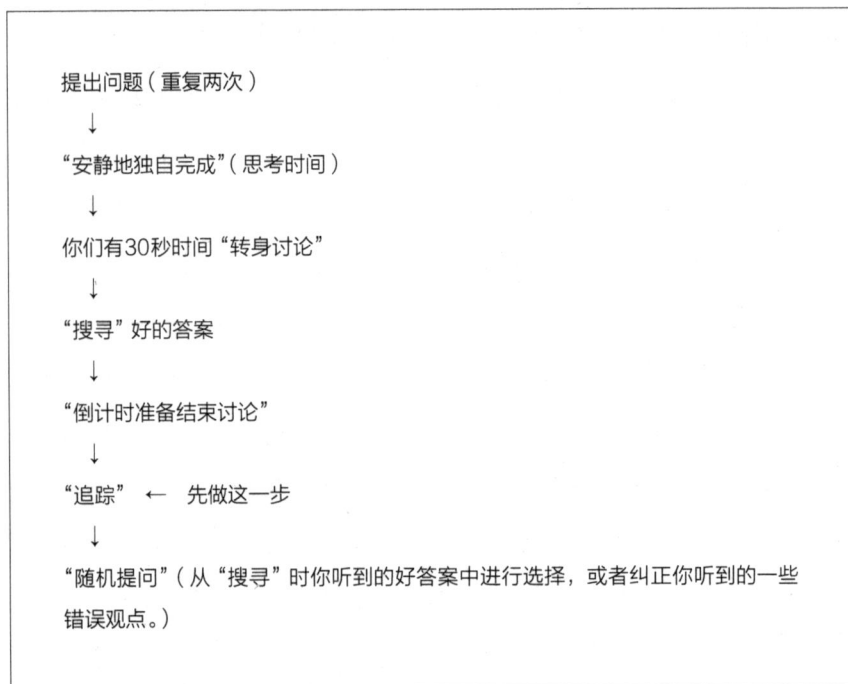

提出问题（重复两次）

↓

"安静地独自完成"（思考时间）

↓

你们有30秒时间"转身讨论"

↓

"搜寻"好的答案

↓

"倒计时准备结束讨论"

↓

"追踪"　←　先做这一步

↓

"随机提问"（从"搜寻"时你听到的好答案中进行选择，或者纠正你听到的一些错误观点。）

"安静地独自完成"是一个短语，暗示了一分钟的快速独立写作活动。这是写这个纸条的老师的聪明之处。她已经在思考用一些熟悉的短语来作为这些活动的提示线索。

规划归属线索

达瑞尔与学校广泛合作，帮助他们定义并实现他们自己对强大文化的愿景。各个学校在与他合作的过程中发展出了方向一致但不完全相同的愿景，他们建设文化的细节是不同的。他提供了这些关于计划在教室里建立联系和归属感的文化的建议。

领导者和他们的学校社区在打造联系和归属感文化时需要考虑一些重要的问题。第一组问题可以帮助学校定义一些提示线索，以发展你希望学生在学校社区里收获的连接和归属感。

- 你的学校社区以及更大的社区对连接和归属感的根深蒂固的信念、原则和心态是什么？

- 我们希望学生在课堂上获得什么样的连接和归属感线索？

- 利益相关者在体现、维护和保护我们的连接和归属感文化方面发挥了什么作用？

- 如果利益相关者的行为违反了我们培养连接和归属感文化的要求，会发生什么？

回答这些问题很重要，因为它们提供了一个基础，让学校可以开始定义和传播他们希望建立的文化。正如我们在第1章中所说的，当你提供了有价值的信息，人们就会明白你做某件事的原因。这样你的社区，或者至少是社区中的绝大多数人都会支持你想建设的文化，尤其是当他们理解了这种文化是建立在连接和归属感的基础上，并且了解了符合这种文化的原则、行为和信号以及打破这种文化的动作后。

在追求一种连接和归属感的文化时，要避免的一个陷阱是"跳过对提示线索的定义"。只有公开、透明地告知利益相关方这些线索提示，我们才能赢得他们的投入和信任。如果我们要在我们所服务的社区内恢复人们对学校的信心，我们需要提供更多的理性、更多的定义，必要时，还要有更多的研究，以说明我们为什么要如此努力地为学生建立一种连接和归属感的文化。

第二组问题是有关我们如何处理和发送信号，以加强我们建立的线索并促进联系和归属感的。德纳留斯解释说，当他在教室里走动并给学生反馈时，他在释放一种信号，来放大他的暗示，即他对学生的期望很高，关心学生作业的质量，想要与他们分享他们的进步，他总是会精心准备好回应他们，这样他们都能体验到进步和成功。他不是简单地检查他们是否在努力，尽管这是其中的一部分；他希望学生们

觉得他的教室是一个他们可以体验成功的地方，是一个学习社区。

定义你的信号的问题

- 在我们的课上和一整天中，我们会用什么信号来传递这些线索？

- 你将如何向你的学生教授归属感和连接并释放出对这种文化的期待？

- 在学习过程中、过渡期间或活动期间，你在何时及如何发出这些信号？

- 我们将如何推出、加强和维护这些信号？

- 当学生和/或老师发送的信号与我们作为学校社区定义的线索冲突时，会发生什么？

"追踪而非旁观"：关系的隐藏驱动力

在妮可的教学视频中，我们会看到很多现在看起来很熟悉的东西。妮可让课堂迅速开始。她要求学生们抬头看她（即注意力的习惯），然后立即让他们开始唱一首数学歌曲。从他们的肢体语言中可以明显看出他们喜欢这首歌。不用说，他们也肯定自己属于这个群体。

几秒钟后他们开始进行"转身讨论"，讨论的内容是他们需要记住的关于四舍五入的知识点。任务开始后大家的讨论相当激烈。她在用熟悉的短语展开一个大家熟悉的例行程序。在学生们传递分发各自的学习包之前，他们还有一次互动——一次"提问与回答"。在视频的后半部分，当学生们在桌前安静地独立完成题目时，妮可会在教室里四处走动。她是积极回应的、沉浸式的存在——积极回应是指她能为他们提供有用的、及时的反馈来帮助他们成功（和感受成功），沉浸式是指她不会被其他事分心，可以调动学生的情绪，她能迅速了解学生的情绪和进步情况。

这在一定程度上是因为她手里拿的写字板。她正在记录学生的回答情况，这样她就能记住每个人的情况。她的写字板上有所有问题的正确答案，所以她可以轻松地检查学生的答案，将他们的答案与正确答案进行对比。她的工作记忆可以自由地用于观察和与学生建立联系。

这个技巧被称为"追踪而非旁观"。这意味着在学生学习的时候做笔记，并准备一个理想的正确答案，这样学生在做题时你可以进行比对。然后你就可以在四处走动时不带任何负担地观察学生，你可以在妮可的课堂上看到这一点。她通过教学内容与学生进行了一次又一次的连接。她给予学生的反馈使他们感受到她的关心和与老师的联系，在某种程度上这是她精心准备和认真记笔记的结果。

教学技巧的整合与运用

接下来要介绍的是艾琳在田纳西州孟菲斯里斯学院（Memphis Rise Academy）的课堂。

仔细观察，她拿着一个写字板，当学生们独立工作时，艾琳注意到婕斯已经找到了正确答案，并给她做了一个记录。这就是我们所说的"要打猎，而不是捕鱼（聚焦猎物，而不是广撒网）"的一个例子。艾琳根据对学生作业的仔细观察，选择了对婕斯进行"随机提问"。她知道婕斯会大放异彩。她会成功，会感到成功，会用一个好的答案把班级推向一个富有成效的方向。所以，她迅速果断地进行了"随机提问"。当她这样做的时候，学生们转过身来追踪婕斯。他们在"发送魔力"，你能感受到爱。

婕斯回答得很好，大家都表示肯定。（艾琳在课堂上既使用"打响指"，又使用"发送光芒"。）艾琳还为她的教室增加了第三个信号。她的学生对她竖起大拇指，表示他们已经记录好了婕斯的回答。这不仅使学生可以表达、确认自己的参与度，同时这个信号也给了学生合理的完成任务的时长——不会太短、太匆忙，也不会长到拖慢节奏、难以忍受。这种信号强调了心流和归属感。这也确认了他们的参与度：是的，我们准备好了。是的，我们都做了笔记。

　　这里有一个关于记笔记的说明。当艾琳要求每个人把婕斯的答案记在他们的学习包里时，她用各种方式做了一些有用的事情。写下答案会使它在记忆中被编码，这让每个人都参与到一项富有成效的任务中，且这种方式对其他人来说是清晰可见的。每个人都看到其他人在写写画画。规范就被确立起来了。但它也是一个强烈的肯定信号。想想如果你是婕斯会有什么感觉。你被点名了。你不仅能从同学那里得到肯定，不仅你的老师会告诉你你做得很好，而且每个人都会把你说的话写下来。把事情写下来说明它很重要。这是一个明确的信号，表明你的话很有分量。事实上，唯一比这更有力量的事，就是当你发言时，你发现你的同学在自发记下你说的话。它传达的信息是：你说的话很重要，我必须把它写下来。在教室里，由于老师总是要求学生把重要的东西写下来，这就成了一种习惯，学生们就更有可能自发地主动写下来。

　　像教室里的大多数事情一样，这样的行为是由老师的计划和条件设定来促成的。艾琳教室里的学生都有一个用来写字的学习包。她已经在教室里建立了勤动笔的习惯和听到指令就开始写的规范。与其他规范一样，当学生们习惯了它，他们就开始运用它。他们手握着铅笔，面前有纸张，并且平时也经常记录，因此他们就更有可能按照规范主动写下婕斯的话。这将有利于他们的学习，也有利于婕斯在课堂上建立归属感。

在写下婕斯的答案后，学生们开始自发地向艾琳示意，他们已经准备好继续学习了。毫无疑问，你们现在已经认识到，当他们这样做的时候，他们表达了继续前进的愿望，并使参与的规范再一次清晰可见地呈现出来。

从这里开始，学生们将与一位搭档进行三分钟的独立作业。艾琳在教室里走动，手里拿着写字板，做笔记并给出反馈。她并没有刻意地和孩子们建立联系、想让孩子们感到被关注和认识到自己的重要性，她只是在教他们教学内容，但是这带来了同样的效果。请注意她表达出的赞赏、她给予学生的"响指"，以及她为了课后进一步了解一名学生的情况而释放的"秘密信号"。

还需要注意的是，她会仔细记录那些有好答案的学生：科里和杰奎。接下来是"转身讨论"，然后是安静的独立做题时间，这之后她走动着看了学生的答案，大约五分钟后，他们进行了一次氛围很好的对科里和杰奎的"随机提问"，回答过程中不时夹杂着"打响指"和"发送光芒"。学生在艾琳的课堂上非常高效，而且他们会收获很多来自同龄人和艾琳的支持和归属感，她在教室里走动时很有趣，充满温暖和关心，在很大程度上是因为她在认真做笔记。她不需要在这走动的五分钟里一直费劲地记稍后要叫哪个学生以及为什么要叫他。

总结：增强归属感的课堂教学技巧

在这一章中，我们试图描述和展示一些教学技巧的例子，我们认为这些教学技巧对于建立一个接纳学生、让他们感觉与同伴和学校有联系的教室尤其重要。这些技巧加在一起，增加和放大了一系列看似平凡的信号，告诉学生他们属于学校，学校是为他们服务的，他们在学校是被关心和相互联系的。与此同时，这些工具有助于确保青少年获得他们应得的优秀教育。正如我们以前指出的那样，我们拒绝在这两个目标之间进行选择。

简单来说，我们在这里描述的技巧包括：

支柱：一个允许学生在学习过程中用非语言的方式相互肯定的系统。我们已经描述了如何通过"打响指"和"发送光芒"做到这一点。你也许可以开发出更多的方式。我们认为从这个地方切入讨论是非常重要的，因为它似乎很微小（容易被忽略）。我们希望证明，课堂文化往往是由容易被忽视的小事建立起来的。

注意力习惯：有意应用我们最基本的进化行为——我们看着彼此的方式，我们用眼神、表情和注意力鼓励或阻止身旁的人的行为。哲学家路德维希·维特根斯坦（Ludwig von Wittgenstein）写道："对我们来说最重要的事物是难以被看见的，因为它们非常简单，人们对它们太过熟悉。""一个人无法注意到一些东西——因为它总是在他的眼前。"我们花了太多时间在同伴短暂的注视和目光中了解我们在群体中的地位，以至于我们几乎没有注意到它对我们所做的几乎所有事情有多么深远的影响。重视它是让人们感觉自己是学校事业一部分的最快方法之一。

讨论的习惯：刻意塑造我们彼此交谈时的规范。"彼此"是一个关键词。今天的很多交流正在悄然地剥夺人性，切断人与人之间的联系，对青少年尤其如此。我们越过彼此交流，我们单方面地输出。我们需要放大信号，表明我们真的和交谈的人在一起，表明当我们交谈时，我们是联系在一起的。当我们看着这个充满了错过的联系机会的世界时，我们会更加强烈地感受到这是非常有必要的。

我们一起讨论了**"转身讨论"**和**"提问与回答"**，尽管它们是不同的工具。一种是建立一个系统，利用简短的、充满活力的对等聊天，为课堂带来能量和活力，并帮助学生在谈论学术思想时建立信心。"提问与回答"创造了一起回答的机会——这是一种我们容易忽视的有趣而吸引人的集体动作。

当我们把"转身讨论""提问与回答"和其他一些系统结合起来，让学生参与到课堂中时——尤其是**"随机提问"**、主动举手回答、**"全班动笔"**——我们就有了一个集合各个系统的系统。**"参与方式"**是一种技术，它有意地将这些参与系统结合起来，并向学生发出明确的信号，使他们能够快乐地、积极地、无意识地参与，从而沉浸在课堂学习中，并因而有可能体验到"心流"状态——人类经历的最快乐的精神状态之一。

最后，我们讨论了**"追踪而非旁观"**——如何在课堂上仔细关注学生的行为，从而可以用简单、容易的方式给予他们有意义的反馈。这种方式使人们在学习环境中建立人际关系和归属感。如果执行得好，我们就可以释放出一部分工作记忆的空间，从而可以尽可能多地关注到学生个体的学习情况。

你可以在《像冠军一样教学3.0》中更深入地学习这些技巧，在其中提到的63种技巧中，我们认为以上这些是最值得被重视和应用以适应当前的社会状况、帮助青少年建立连接和取得学业进步的。

创建有序的课堂

有一个话题我们没有明确地讨论，但在我们所描述的每一种技巧中，我们所展示的每一个视频中，以及在老师创造的每一个归属感中都隐含着，那就是课堂秩序的必要性——人性化的、精心设计的秩序，当然，如果老师在建立秩序时充满关爱和给予及时反馈，秩序就可以得到进一步的加强。在艾琳、德纳留斯、布伦娜和珍的课堂上，你看到的每一个快乐的时刻，都始于学生们例行公事地完成任务，可靠地遵循指示。他们理解并尊重社区为群体利益而制定的行为标准。

例如，当艾琳告诉她的学生在零噪声（即安静）下独立完成她课上的最后一个问题时，教室里就会变得一片安静。在那一刻，她的学生正在学习他们应该学习的东西——专注而不分心。艾琳在学生们做任务时与他们交流和互动。如果有一个学生不愿意跟着她，而是发出"滑稽"的打嗝声，或者有两个学生坚持在安静的学习时间说话，或者还有一个学生大步走出教室，导致艾琳跟着她，她就不能全神贯注地照顾她的学生了。

在艾琳的教室里，学生之间充满着团结感和归属感——相信老师看到了他们并且关心每位同学的进步，同学之间彼此支持、共同进步，形成这种氛围的原因恰恰是因为艾琳（和她的学校）已经建立起来的秩序感。

她的学生在一个尊重他们时间和努力的教室里学习，这种有序而高效的环境就是在告诉学生，他们是重要的。相比之下，没有什么比允许学生在教室里浪费时间和机会更能清楚地表明学生对学校（和社会）不重要的了，在这种教室里，大大小小的干扰或分心都被允许，甚至是可预料会发生的。

德纳留斯和玛德林的教学视频也说明了这个问题，视频展示了课堂上通常没有说出来的真相。只有当教师全身心地关注某个学生时，他才能给予他最充分的回应。所以，如果教室是混乱无序的，那最终伤害的是那些最脆弱的，也是最需要老师支持的学生。

在视频中，两位老师发现并花大量时间帮助学习有困难的学生。请注意他们是多么细心地照顾这些学生。

德纳留斯花了超过两分半钟的时间帮助一个学生理解他正在苦苦挣扎的概念，在整个过程中，没有人回头看，没有任何干扰打断德纳留斯的注意力。他不需要引导任何人。每个学生都能高效地完成任务。教室很安静，这样他就可以小声说话，保证学生的隐私。

德纳留斯回忆说，这个学生是一个勤奋、充满好奇心的青少年，他喜欢教他，但他在基础知识方面还停留在初中水平。他计算时会犯错，会得出离谱的答案，然后变得茫然无措。

这就是视频里的情况。当德纳留斯经过他的身边时，发现这个学生的演算纸上什么也没有写。这使他感到奇怪，因为他们已经研究这个问题有一段时间了。感知能力——在一间30人的教室里注意到一个学生有些不对劲——是关键。研究告诉我们，感知能力依赖于工作记忆。如果你的大脑要一直思考、提防或留意可能出错的事情，如果房间很吵，分散了你的注意力，你的工作记忆就会被占用，使你不太可能察觉到那些能让你意识到一个学生在挣扎、困惑或沮丧的线索。

但德纳留斯马上就注意到了，他停下来查看并进行讲解。经过一番讨论后，他认为学生已经理解了。但在他走开后，他又回头看了一眼，但没有看到他期望看到的学生理解问题后的信号：动笔开始写，翻阅书本或笔记，又或者只是姿势的一个改变。我们很难确切地描述在这样的情况下，我们读到了哪些信号，这些信号可以传达一个学生的情绪状态，但只有一个冷静、沉着的老师，一个思想可以自由地关注这些细节并且不受其他干扰影响的老师，才有可能察觉到这些信号。

或者注意玛德林的音调是多么完美，注意她简短、轻快的短语"停下吧！没有关系！记下来！"是如何让沮丧的学生回到正轨的。如果你必须大声讲话，努力使学生听到自己的声音，那你就无法对声音语调做出这种细微的调整。只有当你身处一个安静的教室，你才能够这样小声提醒学生。

这两种美妙的、支持性的、耐心的干预都是从感知开始的——德纳留斯和玛德林注意到一个学生正在挣扎。因为他们的教室很有秩序，所以他们更容易看到什么东西"不正常"。当一切平静下来，当你没有分心，当有一个明确的任务和如何完成它的明确期望时，突然你注意到一个青少年脸上困惑的表情，或者某个学生正在拖拖拉拉，没有在做他的学习任务。

有序感和可预见性，再加上精心的准备，这些使德纳留斯和玛德林能够回应个别学生的需求，也避免了做出"不参与或不行动的学生就是不在意是否完成任务"的预设。

如你所知，形成有序的氛围并不简单。现在的挑战甚至是疫情前的10倍，因为许多学生回到学校时，不仅分心和焦虑，而且与自带交换性和互惠性的机构的互动要少得多，缺乏适应规则和要求的实际经验。他们在学业上也落后了，需要补课。或者他们被灌输的思想是接受社会契约的规定或按照其要求去做是不合理的，接受权威的要求就代表着纵容威权主义。

但权威不是威权主义。认真贯彻它对运行公正、公平、人道和有效的课堂是绝对必要的。"权威类似于威权主义"的论点是心理学家兼作家罗布·亨德森（Rob Henderson）所说的"奢侈信仰"（luxury belief）的一个例子——赋予某些人某种社会地位的荣誉，但在实际后果中却伤害了其他人。学校不应该为青少年制定和执行明确的规则，这种想法伤害最大的人是青少年自己，尤其是那些因此没有学会如何控制自己的冲动、延迟满足和实践自律的人，最终他们只能受同龄人的社会规范摆布，而这些社会规范影响大、消极，且代价高昂。

我们将在第4章中进一步讨论学校可以考虑的一些方法，来帮助解决部分学生低效行为的根源问题。我们非常认同学校在应对学生逆反行为方面需要做得更好，但我们也认为，告诉学生在集体中做出一些反叛行为没有关系的做法是很失颜面的。对于那些希望在未来作为集体的一分子有所成就的人来说，或者说，对几乎所有想对社会有所贡献的人来说，学习如何在一个机构中成长和如何平衡个人与集体的目标和需求是非常有价值的事情。

学校教育青少年用更富有成效的方式努力生活，这是一种礼物。换句话说，有些人认为学校不应该连贯地、充满温情地制定和执行规则，但被这种观点伤害最大的人就是那些因此而表现不佳的学生。

有些学生的问题行为是由于他们在校外生活中遭遇的困难造成的，有些则不是。我们要明确，每个人的行为方式背后有无数种可能的原因。你不能简单地说，"学生的行为是X的结果"，除非X代表了"一千种可能的原因"。事实上，混乱无序的环境所带来的挑战之一是，它们使学校更难将适当的资源和时间分配给那些真正需要广泛支持的学生，因为他们把资源和时间花在了完全有能力改变自身行为的青少年身上。我们讨论过的视频美妙的一点在于，教师们所营造的秩序使他们可以更多地关注和回应学生的心理需求。

第 **4** 章

连接学校的社会情感学习

疫情后世界的一个共同主题是学校和教育工作者对于社会情感学习（socioemotional learning）兴趣的增加。并不是说大多数教育工作者对社会情感学习不太熟悉，但正如教育政策专家里克·赫斯（Rick Hess）最近所说的那样，这两年，因为压力、孤立和孤独的不断增加，成千上万的孩子对社会情感学习的兴趣"增强了"。

许多青少年不仅经历了挑战和困难，而且在许多情况下，长期的孤立导致了社交技能的下降，使他们在回到学校后更不能处理日常冲突和挑战。道格最近会见了得克萨斯州的学校领导，询问他们学生的情绪和心理状况。那么学生回到学校后的表现是否有所不同了？在房间里坐着的180多人中，有三四个人不同意学生有了变化。一位领导描述了学生们如何对彼此失去耐心，以及误会或小的怠慢如何迅速升级。"即使是和朋友在一起，最微小的事情也会引发冲突。"

另一个人说："他们很难对彼此表现出他们都需要有的同理心。"这对学习也有影响。"在面对困难时，他们比疫情之前的孩子放弃得更快。"一位管理人员说，整个房间的人一致点头。他们特别提到课堂行为急剧恶化——被打断的频率更高，学生按照要求去做的基本意愿更低，对约束的高度情绪化反应也更加频繁。

因此，对于学校来说，这是一个特别关键的时刻，要确保学生不仅在学业上茁壮成长，而且在心理和情感上也能茁壮成长。赫斯与学术、社会和情感学习合作组织（Collaborative for Academic Social and Emotional Learning）的董事会主席蒂姆·施赖弗（Tim Shriver）最近写道，这个想法是"一个历史问题的变体"。"自美国成立以来，教师和学校一直肩负着教授知识和塑造品格的任务。"

道格在得克萨斯州开会几周后，我们召集了一群学校领导，询问他们对学生情感健康的看法。"在社会情感层面上，在特定年级，我们看到学生的发展和成熟程度比前几年要低，"田纳西州孟菲斯里斯学院的领导里安农·刘易斯（Rhiannon Lewis）告诉我们，"学生自我调节的能力还不太成熟，我们只能猜测，这是由于在疫情期间缺乏社会情感支持造成的长期影响。"纽约市23所地区学校的城市议会社区首席执行官大卫·亚当斯指出：

"我发现学生们在互动中变得更加敏感。关于如何互动的概念，以及你需要接受一定的社会规范的要求（不被学生理解）——我的学生真的不太会处理冲突。冲突升级的速度比过去快得多。坚持是另一个挑战——持续学习，维持人际关系。一些看起来理所当然的事情确实需要被更明确地教授。"

亚当斯的评论揭示了学生们在相互联系和解决小问题时的许多附带影响之一。它意味着青少年之间的关系被破坏。因为一件本来很小的事失去了一个朋友的情况对青少年来说显得格外悲伤，因为他们身处一个亟需各种有价值的连接的时代。

因此，增加对社会情感学习的重视是对当前环境的一种有价值的回应。在本章中，我们将尝试概述重建学生社会和情感能力的具体方法和一般经验法则。但我们也提出了一些警告，因为帮助学生应对具有挑战性的情况本身就是一项挑战。社会情感学习干预可能很流行。它们可以在几乎没有证据支持的情况下仓促投入使用。还有一种风险是，我们会被引诱去相信一个简单的行动或程序就能解决我们面临的问题。我们认为，最有可能起到帮助作用的是，仔细选择可管理的战略努力，重点是重新构建日常社会互动和认知习惯，以培养学生的社会情感能力。在第3章中，我们谈到了需要最大限度地增加频繁的，通常是小的归属感信号。在促进学生社会情感健康方面，我们认为应该在学校范围内建立广泛的联系，持续发送通常是很小的信号来培养可以增强幸福感的思维和行动。

这种方法的一个好处是，它可以帮助我们避免英国教育作家乔·柯比（Joe Kirby）所说的"困境"，即学校可能出于好意而采取的那种"高付出、低成效的想法"。柯比指出，好学校必须避免每件事都做得很好，这样他们才能专注于最重要的事情，"把重要的事情放在第一位"。"困境"不是指某个想法可能会适得其反或无效，而是指那些作用很小的帮助，它们使我们无法专注于对学生有更多帮助的活动。资源是有限的，即使我们对青少年的希望和关怀是无限的。把时间和精力花在作用有限的活动上会让教师感到疲惫，降低他们的教学能力和对学生的情感联系。

换句话说，社会情感学习不是越多就越好。一致性、活动质量和效果回报应该是目标。现在我们需要在学校做的事情有很多——这也是百年一遇的一次学习危机——最重要的是，只有经营良好的活动才能建立学生的归属感和幸福感。每周拿出两到三个上午，由学校的每个老师领导一个小组来培养社会情感学习技能，这可能会产生影响，但前提是所有老师都准备好了优秀的课程计划，这些计划对学生来说既有趣又有帮助。如果老师没有准备好，没有教好，如果我们谈论社会情感学习的课堂没有按照社会情感学习的方式来做，没有让学生感受到我们在第3章中看到的归属感和包容的信号，这不会有多大帮助。漫不经心地运行活动不会起到太大作用。而运作良好的活动——如第3章所述——需要计划、准备和培训。

我们应该选择最有效的杠杆，而不是每个杠杆都要按压。这适用于我们在学校所做的一切，但在讨论社会情感学习时尤其相关，因为这项工作的另一个挑战是可能对它的定义模糊不清，也因为人们可能会假定只要出发点是好的，就一定会产生正向的效果。

最近，备受推崇的学术、社会和情感学习合作组织（CASEL）发布了一份名为《美国学区社会情感学习的10年》（*10 Years of Social and Emotional Learning in US School Districts*）的报告。它将社会情感学习定义为"所有青少年和成年人习得和应用知识、技能和态度以发展健康的身份认同，掌握情绪管理能力，实现个人和集体目标，对他人感同身受并表现出同情心，建立和维持支持性关系，并做出负责任和关心他人的决定的过程"。这是一个宽泛的定义，并且这种包含一切的定义所指向的目标在实际操作时会有很多问题。在支持提升社会情感学习的环境中教职员工可以提出怎样的活动建议？学校领导是否已经意识到它是第二重要的问题还是依旧认为它无关紧要？

这份报告的数据处理方法也没有多大帮助。它对跨越多个大型地区的社会情感学习项目的10年投资进行了回顾性分析，但对于哪些方法或想法最有效以及带来最大的努力回报几乎没有什么结论。他们强调了一小部分（3个）并不突出的数据，包括一个地区"报告了学校氛围的整体改善，因为据调查学生对学校氛围和与他人联系程度的认可比率……上升了4个百分点（从68%上升到72%），学生对关心他人观念的认可度上升了两个百分点（从63%上升到65%）"。报告没有对具体行为的相关性进行分析，更不用说因果关系了。

在这个很多因素（包括随机因素）都可能带来微小改变的地区，主观意见调查中显示出的一点点提升并不足以有说服力地支撑这个报告的结论，即我们需要持续的全区范围的关注以及更多的资金。这样的策略并不会显得社会情感学习项目能发挥作用。它只是凸显出了概念的不确定——如果社会情感学习包罗万象，那它就什么都不是。它将容易使大范围的非战略性努力变得无效，也更容易消耗稀缺资源。

最后一个警告：重要的是要记住，教师不是训练有素的心理健康专业人员。在这个领域社工和咨询师是更加适合和有资质的人选，所以要谨慎地预估教师深入这一领域的能力。

从美德开始

幸运的是，我们认为有一条前进的道路——从品格教育开始，但不一定只包括品格教育，这是社会情感学习的一个元素，涉及有意识地定义和加强美德，使社区及其成员更有可能成长和成功。美德是什么？你可能会问。宾夕法尼亚大学的心理学家安杰拉·达克沃思将它们描述为"我们（可以）习惯性地做的对他人和自己都有益的思维、感觉和行为方式"。在美德的定义中隐含着个人和群体的动力——这也是为什么我们认为品格教育如此重要的原因之一。美德是"积极的个人力量"，有助于个人成功，它帮助他们感到更快乐、更有成就感，它也能打造出一个社区。在一所充满品格和美德的学校，人们也更有可能会感受到受重视和联系感。

需要澄清的是，学校可以采取多种方法进行社会情感学习。我们将在本章中描述几个，我们的假设是不同学校有不同的需求。但我们认为，对许多学校来说，解决方案的一个基本部分是强调通过品格教育来培养美德。对一些学校来说，重建萎缩的社交技能或投资于（或替代为）正念也将很重要。在其他情况下，为更小范围内最困难的学生提供干预将是至关重要的。当然，学校也可以考虑其他有益的项目。其中许多都是优秀的，我们在这里所描述的并不是全面的。相反，我们提供了一种方法，我们认为这种方法可以为大量学生带来巨大的福祉，并且可以在可控的时间和精力成本下实现，且可以由大多数教育工作者实施，也无需大量额外的培训。在学校被各种事务缠身的时候，这是一种可以带来广泛价值的实用方法。

知识、感知和判断

品格教育的重点是灌输美德，让个人和群体蓬勃发展。为了做到这一点，朱比利品德教育中心（the Jubilee Centre on Character Education）的"品德教育框架"建议，学校应该强调美德知识（帮助学生理解美德是什么以及为什么它们是有益的）、美德感知（帮助学生做好准备注意到身边出现的美德以及它们是如何塑造群体的）和美德判断（支持学生决定何时以及如何在自己的生活中应用这些美德）。

这是一个令人信服的长期学习方法，但也有人对品格教育持怀疑态度。对一些人来说，这种想法带有家长式的意味——一个人怎么能说什么特征是美德呢？对其他人来说，这带有政治化的意味——培养品格美德会变成在学生没有选择权的情况下向其灌输某种价值观的工具。

我们认为，无论我们是否意识到这一点，我们总是在传授价值观。我们可以通过公开透明地聚焦在尽可能普遍的和能带来最大好处的主题上来缓解这部分人的担忧。我们应该找出大多数家长（最好也是学生）重视的特质，我们有理由相信这些特质会真正帮助学生，如果我们继续关注那些既能在群体成员之间建立联系，又能促进学习的美德——这是学校的最终目的——我们就会加倍努力。

本书的主题之一是关注过程，以便从利益相关者那里获得更多的支持。品格教育是一个时刻关注过程的完美例子。通过向家长公开学校选择的美德及其原因，并就学校选择的美德向家长征求意见，学校可以让可能持怀疑态度的家长放心，并使他们确信学校确实致力于支持他们的孩子。显而易见，这一点很重要，因为作为教育工作者，我们的工作是帮助父母抚养他们的孩子。作为本书的作者，我们经常使用"我们的孩子"或"我们的学生"这样的表达，但这只是一种表达，它是一种我们对所服务的儿童和家庭的承诺和关心的信号。有效的品格教育（和更广泛的社会情感学习）需要来自所有利益相关者的投入和联系——学生、教师和家庭——尤其是父母。它应该反映他们的价值观。我们的个人价值观可能并不完全符合学校社区的每个成员，但我们可以，并且也应该寻求一致的价值观——那个可能是我们最多的人赞同的东西，这是一个需要投入和倾听的过程。

因此，这一过程应该从明确指出学校渴望维护和加强的美德开始。安杰拉·达克沃思也指出，品格教育和更广泛的社会情感工作都不是靠随意发挥。已经有很多科学的方式可以指导我们打造最能带来连接和幸福感的美德和品质。

　　作为思考品格美德的起点，我们很喜欢这张由英国朱比利品格与美德中心（the Jubilee Centre for Character and Virtues）制作的图表。他们将美德分为四种类型：智力美德（如批判性思维和好奇心）、道德美德（如同情心和尊重）、公民美德（如服务和文明）和表现美德（如团队合作和毅力）。在我们开始讨论哪些美德最重要之前，先看一看美德的不同类型和它们背后的广义目的，这是很有益的。这有助于回答"为什么"的问题。我们的目标是让青少年具备"追求知识、真理和理解"的能力，准备好"在需要道德回应的情况下表现良好"，能够并愿意在各种情况下为"公共利益"做出贡献，并拥有一套能够"赋能"的技能，如决心和韧性，可以帮助他们实现前三个目标——以及他们生活中其他的大多数目标。我们作为父母、家庭的一员和教育工作者，看到表格中的美德，我们仿佛已经能感受到这些美德出现在个体身上时带来的能量。阅读这个图表有助于我们看到品格培养工作更广泛的目的以及各个部分如何构成了一个整体。我们认为，任何一个家长，即使是心存怀疑的家长，在看一眼这个图表后也会感到放心，感到自己对这项工作有所了解了。

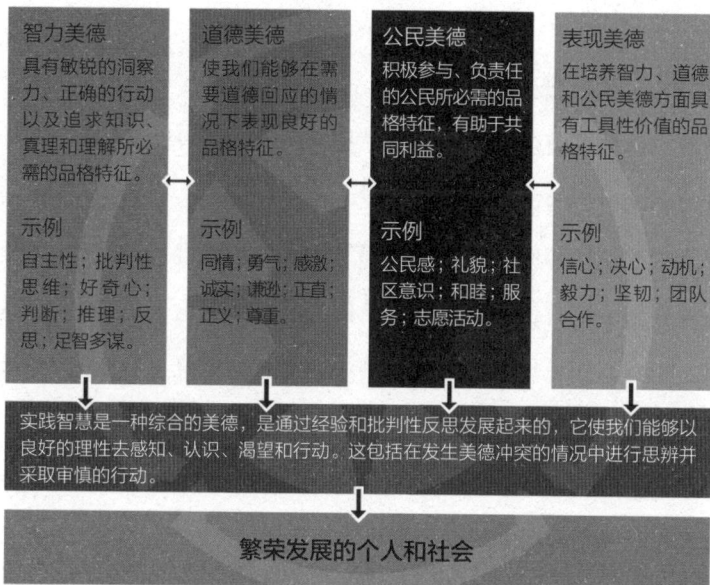

塑造品格的基石

智力美德	道德美德	公民美德	表现美德
具有敏锐的洞察力、正确的行动以及追求知识、真理和理解所必需的品格特征。	使我们能够在需要道德回应的情况下表现良好的品格特征。	积极参与、负责任的公民所必需的品格特征，有助于共同利益。	在培养智力、道德和公民美德方面具有工具性价值的品格特征。
示例	示例	示例	示例
自主性；批判性思维；好奇心；判断；推理；反思；足智多谋。	同情；勇气；感激；诚实；谦逊；正直；正义；尊重。	公民感；礼貌；社区意识；和睦；服务；志愿活动。	信心；决心；动机；毅力；坚韧；团队合作。

实践智慧是一种综合的美德，是通过经验和批判性反思发展起来的，它使我们能够以良好的理性去感知、认识、渴望和行动。这包括在发生美德冲突的情况中进行思辨并采取审慎的行动。

繁荣发展的个人和社会

资料来源：伯明翰大学（University of Birmingham）

所以，从选择和命名美德开始。但要记住，理解"为什么"——美德在良好生活和健康生活中的目的是至关重要的。我们个人并不建议选择朱比利中心框架中的所有甚至大部分美德来开展工作，那样的话要关注的事项太多，不利于实施。选择更少的关键美德，帮助学生深入理解它们、重视它们，这比简单学习一长串的定义要更好。坦率地说，确实会有一些美德更重要一些。选择一小部分——我们建议是5到7个——与你的使命一致的，对你所在社区的家长最有吸引力的美德，然后把它们融入学校的结构中。我们认为提出框架的作者也会认同这一观点。在描述表格中四个类型的"例子"时，作者假定人们会从中进行筛选、优先选择某一个美德。我们对此很赞赏，因为表达形式确实很重要。作为作者的我们是否认为"勤奋"和"毅力"是有区别的？是的。你选择哪个词汇以及如何定义它是有关系的。

将美德融入学校生活

　　一旦你选择了美德，下一步就是把它们融入学校的结构。为青少年灌输有益的思维习惯的关键是在学校里不断强化它们。如果你只在特定的时间呈现坚毅的性格和健康的心态，那它们不大可能会持续发展。社区中的成员在做其他事情时也应该重视品格的实践，或许这也是最好的巩固美德的方式。毕竟，如果你真的重视同情心，那就应该真正看重它，随时发现它。更好的做法是在上学的整个期间都表达感激，而不是为它设计1个小时或一周两次的时间来实践它。你可以以这样的方式开始练习，但重要的是我们应该每时每刻都记着我们想要成为的样子。

　　或者也可以说，如果学校想成功打造美德文化，那就需要教授美德，捕捉和寻找美德，即要让学生理解美德的含义和益处，然后让美德在学校里随处可见，以显示它们的重要性和它作为社区标准的地位。随着时间的推移，学校的文化应该尝试让学生社会化，将美德内化，去寻求它们，因为他们认为这些美德是他们自己或想成为的人的一部分。成年人也应该有意识地、始终如一地示范这些美德。

　　确保美德被传授意味着不仅要提供定义，还要提供例子和应用。这可以从全校的社区会议开始，也可以从年级会议开始，在会上分享美德的重要性，或者成年人也可以分享一些个人的故事。我们十分坚信在课堂上学习词汇时应采用主动练习。主动练习意味着给学生一个术语的定义（而不是让他们尝试猜测），然后让他们在有挑战性的情况下应用它。在第3章中提到的珍·布里明就是这样教授"reprehensible"（应受谴责的）这个词的。

学生们参与其中，是因为他们被要求在复杂而具有挑战性的案例中应用一个他们知道的术语：为什么偷窃是"不好的"，而从慈善机构偷窃是"应该受到谴责的"？为什么伪君子应该受到谴责？我们读过的书中哪些角色是应该受到谴责的，为什么？

建立美德知识也可以采用类似的过程。在年级或全校的会议上，你可以简单地解释一下，感激意味着对别人为你做的事情表示欣赏和感谢，然后让学生（可能通过一系列的"转身讨论"）思考一系列关于它的问题：

- 学生在什么情况下会向老师表达感激之情？
- 在什么情况下老师会向学生表示感激？

说"谢谢"是表达感激的常见方式，但还有其他方式。有什么方法可以不用说话就能表达你的感激之情呢？

- 你的狗跑了之后，有人帮你找到了它，你会如何表达感激之情？如果你发现他们和你说的语言不同，你会如何表达你的感激之情呢？
- 人们会忘记对什么事情表达感激？
- 宠物会对什么事情表示感激，以及如何表达感激？
- 我们是否总是要向"某个人"表达感激之情？试着想出一个你向"某事"而不是"某人"表达感激之情的例子，并说明你是如何表达的，为什么要表达感激之情？

这样的问题一方面需要思考和推理，另一方面需要谨慎和适应性。它们可以帮助培养学生对一个概念的理解，但也要求他们思考如何将其应用到自己的生活中。学生对最后一个问题的回答体现出个人的反思。过一段时间后你可以要求学生更深入地思考：

- 什么时候你希望自己表达感激之情但当时没有这么做？

- 描述一个你至今还记得的某人对你表达感激的时刻。

我们认为问第二组问题的时机应该是"过一段时间后"，因为人们很难在一次互动中掌握太多概念。学习需要不断的讨论、反思和扩展。我们需要继续谈论美德，让它们变得有意义。在一个月的时间里讨论感恩5次，每次10分钟，比花一个小时讨论一次然后就不提要好得多。

最近，我们在新泽西州纽瓦克市的北极星克林顿山中学（North Star Clinton Hill Middle School）观看了一段埃克尔·伊斯特林（Equel Easterling）在教室里教授美德的视频，我们感到很震撼。他的演讲重点是介绍感恩的概念。（正如我们稍后将讨论的那样，研究在某种程度上表明，感恩可能是使学生幸福的最重要的美德。）

埃克尔首先问学生什么是感恩。他们提供了例子和描述。然后，他正式定义了这个词，并让他们根据一段视频进行思考：视频中的人是如何表达感激的，为什么感激是有价值的？注意同学间讨论的程度，以及环境中充满归属感的程度——学生们如何认真倾听彼此，参考并扩充彼此的想法，基本上每位同学都感受到他们的观点是被重视的。正如我们之前提到的，只有当教学环境和内容一样强调学生的幸福时，旨在增强社会情感健康的干预措施才会起作用。随着视频的结束，埃克尔的学生立即将感激之情付诸行动，给老师写信，这样他们就能感受到立即表达感激的好处。

但是，我们要再一次说明，即使是深思熟虑的反思本身也不够。行为和心态是通过频繁的应用养成的习惯。通过对某种美德的反复应用和放大说明其重要性的持续信号，就可以将这种美德变成学校社区结构的一部分。关于这方面的研究很清楚：在群体成员中，认为某件事是一种规范的看法对动机和行为的影响最大。第一项工作是确保这个机构和其中的人一直都在寻找美德的例子，并有系统可以让它们尽可能地显得显眼和有价值。

当我们讨论文化建设的"机制"时，我们会进一步讨论这个想法，但这里我们想特意强调一下，鼓励学生展示美德可以让他们感受到积极行为（即美德）带来的积极情绪。"有道德"通常会让人感觉良好这一事实经常被忽视，但在很大程度上，人类已经进化到在表现出有道德的行为时会感觉良好。慷慨对我们大多数人来说感觉很好，因为它有利于我们所依赖的群体，并巩固我们与他们的联系。我们已经进化到发现它令人满意，所以我们更倾向于这样做。因此，帮助学生参与积极的亲社会行为可能会使大多数学生自我感觉良好，使他们发掘自己身上具备的美德，并享受对社区做出贡献和被社区欣赏的感觉。一开始，学生自己往往没有意识到这种感觉是多么积极和有意义。事实上，良好的教学能够巧妙地吸引学生的注意力。你可以在对感恩的反思中加上一个问题，比如我们之前描述的那个问题："想一下你对一个亲近的人表达感激的时候。在这之后你感觉怎么样？"类似地，在教授慷慨、同情或诚实等美德时也可以问问他们："当你展示出这种美德后你感觉如何？"

当然，并不是每个学生都会对自己的行为感到满意。总有一些人不太愿意表现出积极的行为，也不愿意投资于共同的幸福，但一旦他们在一个重视这种行为的社区中体验了这种感觉，他们就会积极地参与进来，这可能会让你和他们感到惊讶！大多数青少年想要有归属感。他们希望自己是一个有价值的团队中有贡献的一员。但他们可能会持有相反的观点，可能会在反叛的群体中寻求归属感，并采取反社会行为，但在很大程度上，我们认为，如果我们和其他学生对亲社会行为做出榜样、解释并表示赞赏，大多数青少年会选择寻求这些行为。

我们有时认为性格是固定不变的——一个学生的行为方式就是他的方式。但和其他事情一样，人们（尤其是青少年）会随着周围文化的影响而改变。他们"正循序渐进……地进步"。正如朱比利中心所指出的那样，他们从理解美德开始，然后体验美德，并对内在和外在的刺激做出反应，从而使某种美德成为习惯。理想情况下，这个过程令他们感觉良好，随着时间的推移，美德对他们来说会成为"自主寻求的、经深思后选择的事物"。

这就是感恩和坚韧的理由

伊斯特林让一种美德在他的学生的生活中变得有意义，我们喜欢这种方式。我们喜欢他的课堂交流方式，学生们在讨论美德时相互交流。但我们也爱他具体选择的美德——感恩。可以说，他选择了所有美德中最重要的一条。

我们已经注意到在美德中做出选择以建立学校文化的必要性。5到7个美德是我们的目标数字。这是艰难的选择。潜在的美德清单很长。因此，我们想要说明一些我们认为对学生的幸福和归属感特别有益的美德。事实上，它们太重要了，因此我们认为，即使学校决定不开展围绕美德的品格教育，他们也应当使用某种方法让这些美德以持久的、有意义的方式存在于他们的学校文化中。正如我们前面提到的，关于幸福和快乐的驱动因素有相当多的科学研究，关于人们如何克服逆境也有相当多的科学研究。在后者的研究中，幸福和快乐这两个概念比其他概念都更加重要。

正如我们在第1章中简要讨论的，"感恩"这种美德被低估了。哈佛医学院（Harvard Medical School）最近发表的一篇文章指出，它"与更大的幸福感密切相关"。感恩能让人们感受到更积极的情绪，享受美好的经历，改善健康，直面困境，建立牢固的人际关系。而受益方有些让人出乎意料。我们认为表达感激主要是对接受者有益的，因为表达感激会让他们觉得自己很特别，更重要，更有价值。令人惊讶的是，它甚至对表达感激之情的人更有好处。

经常表达感激之情会让学生注意到问题的根源：在他们的世界里，有很多美好的事情值得被欣赏和感谢。然后就要说到最经典的社会科学发现之一：科学家们估算认为，在我们每天接收的100条信息中，只有1条能被记住，其余的都被扔进了大脑的垃圾文件。我们看到（并记住）我们想要的东西，忽略其他的东西，肖恩·阿克尔写道，"我们想要的东西是习惯的产物"。在自己的世界中寻找美好事物的学生能看到更多美好的事物，对于他们来说，这个世界也变得更有支持性，他们也能清晰地看到自己在其中的位置。阿克尔指出，一段时间后，这就变成了一种习惯。他称之为俄罗斯方块效应。就像电子游戏《俄罗斯方块》的老玩家开始到处看到它的组成形状一样，那些练习发现可感激之事并想清楚为何感激的学生会开始随时随地看到各种值得他们感到开心的事情。通过思考为什么这些事情值得感恩，他们会更好地理解为什么有些事情在生活中是有价值的。逐渐地这或多或少会变成一种自发的动作（阿克尔称之为"认知后遗症"），就这样他们拥有了乐观主义的精神。

这通常伴随着生理上的好处，比如血压降低，加州伯克利大学卓越科学中心（the Greater Good Science Center at Cal Berkeley）的科学主任艾米利安娜·西蒙-托马斯（Emiliana Simon-Thomas）指出。它可以"减缓心率，并有助于全面放松"。她说，感恩是一种"减压器"，可以舒缓神经系统。当然，它建立了社会联系，相互联系和欣赏。社会关系是人们可以拥有的最健康的东西之一，拥有更强、更积极的社会联系的人通常身体更健康，寿命更长。阿克尔写道：

"对我们的幸福来说，几乎没有什么是不可或缺的。经常感恩的人更有活力，情商高，宽容，不太可能抑郁、焦虑或孤独。人们并不仅仅因为更快乐才心存感激。感恩已被证明是获得积极结果的重要原因。"

因此，当我们观察到埃克尔要求他的学生写感谢信时，他们——而不是接受感谢信的老师——实际上是这项练习的受益者。这会引导他们注意到这个世界上真心帮助他们的人，让他们感到整个世界，或者他们的世界是具有支持性的。从他们的视角看，世界变成了一个美好的地方。

早在2016年，道格在访问伦敦的米凯拉社区学校时就观察到了一个培养感恩的例子。现在回想这件事，我们更清晰地看到了这对于学生的社会情感健康的好处。在午餐快结束时，一位老师站起来，给了学生们一个起立并表达感激的机会，他们要在一大群学生（几乎是学校一半的学生）面前对他们认为重要的事表达感谢。值得注意的是，这完全是自愿的。没有人被要求说什么。他们没有被告知应该向谁或什么人表达感激。这是一个"美德判断"的例子。学生们自己决定是否要向某人表达感激之情，如果是的话，又是出于什么原因。大多数人都做到了。他们都很快举起手来。几乎房间里的每个人都希望被选中去表达感谢。

是否有可能，让学生们养成每天都这样做的习惯，使他们感受到了心理上的好处？他们是否感觉到：这让他们感到更开心，更具有高尚品德？感到自己是为社区做出贡献的一员？因为有能力摆脱童年的狭隘滤镜（全世界都要围着我转）并开始拥抱其他你依赖的人而感觉自己更成熟、更像一个大人了？感到能够肯定自己周围的世界了？

不管出于什么原因，学生们都站起来感谢同学们帮助他们学习，感谢老师对他们的期望和帮助。一个学生感谢食堂的工作人员为他们做饭——学校使用家里吃饭时用的那种刀叉和盘子（正如我们在第2章中讨论的），这带来了真正的面对面的交谈。对于一个习惯了用塑料托盘一眨眼就能吃完美国学校餐的人来说，这是一种大开眼界的仪式，这显然能建立归属感，加强社交技能。

很多人都强烈反感在一大群人面前讲话，但这些学生所表达的热切的感激之词全部都是即兴发言，而且是站在一百多人面前。然而，感激之情似乎是从他们的心里溢出来一样丰盈，直到主管老师说该回去上课了大家才停下。这种仪式似乎赋予了说话的学生某种地位。它展现出的是，即使是某个非常普通的孩子赢得了他人的感激之情，那这份感激也是非常重要的，它值得被一屋子的人听到和关注到。这也说明了学生们的感激之情、他们的意见和观点是有价值的、重要的事情。怪不得每次都有叫不完的举手的学生。

道格也在其他文章中记录了这件让他感到意外的事：

"后来，我发现自己有一段时间在思考这个问题。这是一群可能在家里、在上学路上都会遇到很多问题……的孩子。很多人是从充满暴力和困苦的地方逃离出来的（甚至有还身处其中的）。但是……他们没有被不断提醒他们受了多少苦，或者如何被社会遗弃，相反，他们的每一天都在被提醒着他们想要向周围的世界表达感激。

"这代表了什么？它营造了一种彼此关心的文化。我所看到的每一个地方，学生们都为彼此做着事情。在一节课上，一个学生注意到另一个学生没有铅笔，然后主动给了她一支。在走廊里，一个学生掉了几本书，突然有三四个学生蹲下来捡书。当学生离开教室时，他们会对老师说'谢谢'。"

这不仅仅是因为每个人似乎都在感谢其他人，并试图做一些值得感谢的事情。他们似乎乐在其中。许多学生选择在下课后对老师说"谢谢您，老师"或"谢谢您，先生"，但语气总是欢快的。

在写到感恩的力量时，肖恩·阿克尔指出，重要的是不仅说出你感激的事情，而是说出——并因此思考——为什么。这会让你思考世界上你最珍视的东西。因此，米凯拉社区学校午餐的一个小细节也留在了道格的记忆中。主持感恩课的老师偶尔会给学生一些反馈。"太棒了，卡米拉。你说得很清楚为什么你很感激你母亲的努力工作。""谢谢你，哈夫兹。你能简单地说一下为什么卢克和你分享他的零食是有意义的吗？"

在这个学校食堂的故事要接近尾声的时候，有必要再次重提一下心理学家马丁·塞利格曼的那个关键公式。我们已经指出，塞利格曼发现，幸福并不仅仅由快乐构成，它也包括意义和投入。体验到这三个方面的幸福的人过着最幸福的生活。对那些充满感激的学生来说是这样，这也适用于本书的所有例子。当人们感到与他人和比自己更大的事物有联系时，当他们沉浸在一项活动或努力中，当他们为之努力的事情——成就、服务、社区或家庭——是重要的时候，他们就会快乐，事实上，比单纯热情地追求快乐和只追求快乐要快乐得多。当然，这对社会情感学习方面的工作有更广泛的影响。

我们认为有必要在这里分享更多关于塞利格曼本人的信息。他是积极心理学的创始人，这是心理学的一个分支，旨在研究为什么有些人的生活一帆风顺。在塞利格曼和一些同事提出这个观点之前，心理学几乎只关注人们生活中出了什么问题，为什么会发生，以及当问题发生时如何解决。显然，这是重要的工作，但这只是人类故事的一部分。正确的做法同样重要。积极心理学家不去研究人们在挣扎时出了什么问题，而是想知道是什么让他们获得成功，并勇敢地直面困难。当然，在我们的学校里，我们不得不问一些学生，"这里出了什么问题"？但对我们绝大多数学生来说，问题是：什么是正确的？什么能让他们茁壮成长？我们可以向他们灌输什么样的行为、习惯和心态，让他们更有可能这样做？我们可以在学校做一系列的事情来应对后一个挑战，灌输感恩的美德就是其中之一。

提升学生的恢复力

社会情感健康的研究史中另一个关键的研究主体是"人们在生活中做对的事"，在我们的语境中，它指的是为什么有些人在面对逆境甚至创伤时能表现出恢复力。考虑到学生们在过去几年中经历的事情之多，现在这个问题具有双重意义。

哥伦比亚大学教育学院临床心理学家乔治·博南诺（George Bonanno）在这个话题上写了大量文章，特别是在他的书《创伤的终结：恢复力的新科学如何改变我们对创伤后应激障碍的看法》（*The End of Trauma : How the New Science of Resilience Is Changing How We Think About PTSD*）中。博南诺发现，人们很坚强，而且出人意料地倾向于拥有恢复力。这并不意味着他们在面对逆境时不会在情感上受苦和挣扎。经历困难后感到沮丧是正常的，恢复通常需要时间，但博南诺强调，大多数人都会恢复，即使是从非常不幸的事件中恢复。当然，有些人没有。自然我们需要做好准备辨识出这样的情况，并且为他们提供一个途径，让他们能接受到需要的照料。但恢复力的信息也很明确：我们的孩子很坚强。大多数人会克服哪怕是极端的困难，重要的是要提醒他们这一点，而不是暗示我们认为他们是脆弱的或者他们因为过去的经历受到了创伤。事实上，博南诺的研究表明，大多数人遵循他所说的"恢复力轨迹"，即从逆境或胁迫中恢复过来的常见路径。

博南诺对恢复力和克服创伤的研究以及它能告诉我们的局限性持现实态度。我们对为什么有些人会恢复过来，为什么有些人会挣扎更长的时间，或者可能永远无法从可怕的经历中走出来知之甚少。我们不知道的东西比我们知道的要多，但博南诺发现，在"恢复力轨迹"中，即从逆境中恢复的过程的核心，是一种被称作"灵活性心态"的想法。拥有这种心态的人最有可能在艰难困苦后茁壮成长。拥有"灵活性心态"的人倾向于有三种相关联的信念……对未来持乐观态度，对应对能力有信心，愿意把威胁视为挑战。他写道，这"本质上是一种信念，即我们将能够适应眼前的挑战，我们将采取一切必要措施向前迈进。这些信念相互作用，相互补充，在此过程中每一种信念都变得更有影响力。它们共同塑造了一种坚定的信念……'我会找到应对这一挑战的方法'"。

博南诺认为，如果我们能向那些面临困难的人灌输一种灵活的心态，我们就为他们提供了恢复到幸福和明朗状态的最大可能性。与感恩一样，我们认为，在学校文化中融入灵活性思维方式（即恢复力轨迹）的构成元素，并放大强化它的信号，这是教育工作者要采取的关键行动。

另一项关于韧性主题的重要研究来自社会工作者邦妮·贝纳德（Bonnie Benard），她的著作包括《韧性：我们所学到的》（*Resiliency: What We Have Learned*）和《韧性教育》（*Resilience Education*）。贝纳德指出，环境，而不仅仅是个人，在逆境的反应中发挥作用。事实上，在某些特定的环境中存在"保护性因素"，这些因素增加了这些社区中的人们在逆境中茁壮成长和表现出恢复力的机会。"环境的特征似乎可以改变——甚至逆转——潜在的负面结果，并使个人……培养韧性"，贝纳德写道，第一是"关爱关系"

的存在。这些 [⋯] 趣，它们建立在倾听的

基础上，并建 [⋯] 于促进恢复力的环境表

现是发送"高 [⋯] 达了坚定的指导、秩序

和挑战，而且 [⋯] 的信念"。第三是培养青

少年恢复力的 [⋯] 意义的参与和贡献的机

会"，包括承 [⋯] 和被倾听"。

读了贝 [⋯] 第3章中描述的课堂的一

致性。教室 [⋯] 。教师关系"传达了同

情、理解、 [⋯] 是如此。他们当然能够

始终如一地 [⋯] 了坚定的指导、结构化安

排、挑战和 [⋯] 有意义的参与和贡献的

机会。学生 [⋯] 他们的声音能被听到。

贝纳德 [⋯] 个很好的药方，告诉我们

如何运作好 [⋯] 个结论是，除了我们做的

许多事情之 [⋯] 青少年的积极心理健康也

很重要。做 [⋯] 的关键部分。

连接课
RECONNECT

与中小学学科课程
并重的一门课

Building School Culture for Meaning, Purpose, and Belonging

一个时刻 [⋯]

在疫 [⋯] 见的传统活动和仪式。其

中之一是 [⋯] 问题。桌子旁的每个人都

大声回答。有些提问很简单（你最喜欢哪个季节？），另一些问题则更具挑

战性（你家里谁最有趣？）。希拉里很快意识到，大部分"挑战"本质上是

社会情感方面的，即要处理好答案中的人情问题。"谁是最有趣的人"的问题的背后可能是这样的考虑："如果我如实回答，那么那些没有被说有趣的人受到伤害怎么办？还是我可以撒谎？或者我不回答呢？我可以说，'哦，每个人都很有趣'，但这实际上等同于说没有人是有趣的。如果我说'我觉得我最有趣'呢？那人们会怎么看我呢？"

随着时间的推移，他们玩了越来越多的卡片，希拉里没有忘记，他们所引发的讨论其实是关于我们如何理解、塑造和培养品格的知识。在那些晚餐谈话中，她的家人们为诚实、公平和勇气等问题苦思冥想。一个简单的游戏提供了一种练习和体验，让他们可以探索家庭成员的价值观，思考将会或应该如何在日常生活中展示美德和品格。

但更重要的是，这些问题提供了一个学习如何通过频繁的、低风险的试错，让人们在互动中建立关系和联系的机会。在一个已经建立起安全感和关爱的集体中会存在一些微小但可能并不简单的互动交流。"其实如果我说了某个人是有趣的，其他人也不会不高兴。他们也会把它当作一次赞赏那个人的机会。而当我说我最有趣的时候，人们并没有觉得这很幽默。"

在一个支持性的环境中进行低风险的试错，这对于学习如何在这个世界上立足是非常有力的帮助。

虽然这些时刻发生在家里，但这些重复发生的事件就是一次次的机会，可以帮助人们培养交往能力和性格品格的基本要素，这是非常典型的方式。每天的游戏变成了我们所说的"机制"——一个反复出现的场景，在这个场景中，人们提出问题，并对自我进行常态化的反思。拥有强大的、充满活力的"保护性"文化的学校往往会特别有效地利用这种机制，而当社区意识、归属感和心理安全感的氛围被注入到机制中后更是如此。

"社区会议"是学校可以利用的最常见、最有效的机制之一。"聚会"是学校的大部分人——理想地说，是整个"村庄"——聚在一起的时候。这样的时刻非常适合强调团结和加强共同的价值观，尤其是那些有助于青少年苗壮成长和相互联系的价值观。如果我们共享一种文化，如果我们是一个村庄，我们就应该有时间聚在一起讨论最重要的事情。

　　安排简短的、精心策划的全校、全年级甚至是单独教室的"会议"在某种程度上是强大的，因为我们都可以看到彼此。要想构建一个村庄有很多方面，比如会有一些大家都出席的活动场合，在这里大家都能见到彼此。当有了仪式和传统时，它甚至会更强大——我们以一致的方式互相问候，或者我们一起跳舞、唱歌、讲故事。这些都是在说"我们是一起的"。

　　例如，这是我们最喜欢的一位校长妮基·鲍恩（Nikki Bowen）在纽约布鲁克林卓越女子特许学校（Excellence Girls Charter School）与学生们晨会时的照片。学生们聚集在学校体育馆里。老师们坐在学生旁边，也加入到吟诵或唱歌中，这是会议上经常进行的仪式。妮基正走向中心，准备指挥

整个过程。

注意学生们的就座方式。他们按点到的顺序分组，整齐地排成很多排。这种就座方式表明了会议的意图和重要性。这是精心安排的，因为它很重要。而且学生们都可以看到彼此——这有助于看到"我们"，想象"我们"，同时被别人看到。是的，当你一眼就能看出每个人都坐在他们应该坐在的位置上时，就更容易创造一个有序、快乐、高效的环境，但这种安排主要是为了让每个人都能看到和听到别人。你可以举手说话，每个人都能看到你。每个班都有自己的座位。（有一个地方意味着你有归属感！）中间有一个空间，人们可以被邀请前来分享想法，或以某种方式获得荣誉或进行表演。这是一个为"团聚"而建的形状。妮基四处走动，谈论价值观，提示歌曲，并向学生提问。她经常利用"会议"的机会，点名表扬社区中的一些班级团体和个人成员。

不过，不只是妮基在说话。其他老师也经常主持会议，有时是学生主持。无论谁是领导者，社区的其他成员都积极参与，通常是通过"转身讨论"和"提问与回答"。它看起来很像第3章里提到的珍·布里明的课堂，但规模是前者的10倍。学生们还会唱很多歌：《希望之歌》（the Hope Chant）、《尊重之歌》（the Respect Chant）、《乐观之歌》（the Optimism Song）。妮基回忆说："我们每天早上都用我们学校的自豪感和团结精神叫醒邻居们。"

下面是他们一首校歌的歌词。看看你能否找出能让你想起第1章观点的一些主题：

这是一所女孩们整天努力学习的学校！

我们是伟大的思想家，充满活力的演说家。

我们将改变世界！

你将如何改变世界？

做最好的自己！

你最好的什么？

我最好的自己！

但只需要你？

不，它需要我，需要你，需要我们所有人，需要我们的姐妹情谊。

因为女孩是……聪明的，女孩很坚强，

女孩是有用的，女孩是特别的，女孩是强大的！

顺便说一下，晨会很短，大概10—15分钟，有时更短。但是，当你有明确的目标和熟悉的、完善的习惯时，你可以在短时间内完成很多事情。

例如，你可以利用会议向学生询问我们在前文提到的一系列的感恩问题，或者你也可以把它作为一个机会来强化一种美德，比如体贴。例如你可以在会议上这样说：

"在我们上课之前，我想分享这周我在学生中看到的两个表现贴心的小例子。其中一个是许多人可能没有注意到的微小时刻。星期三，我注意到一个七年级的学生把活页夹掉在走廊上了。他的文件和东西散落在各处，但这并不是什么大问题，因为有三四个同学在没有被要求的情况下，立刻帮他收拾东西。我的意思是，他们不只是把他的东西还给他，而是帮他把书页整理好，并且在他把一部分笔记页装回活页夹时贴心地帮他拿着剩下的一些笔记页。我注意到了安东尼·沃特金斯、德西·詹姆斯和露西亚·罗德里格斯，我知道还有其他人。我们要对这些我看到的和那些我没有看到但也贴心帮助他人的人表示感谢。现在，请大家打两次响指，送给这些贴心的社区成员，他们把学校变成了一个提供支持的地方，一个你知道可以永远信任同学的地方。

"贴心也可以体现在学术方面。我想简单描述一下我在布里斯老师八年级历史课上听到的讨论。会议的主题是《权利法案》，更具体地说，是《第二修正案》对公民的保障。人们有不同意见，这在民主社会很常见，但布里斯的学生在认真倾听和礼貌地提出不同意见方面做得堪称典范。我听到很多学生这样说，'我明白你的观点，但是……'大卫·洛佩兹在发言前甚至先总结了另一位同学的他不同意的论点，然后他补充说，'但我想给出另一种解释。'这是一个优秀的例子，它展示了我们如何在一个充满尊重和连接的社区中表达反对意见。所以让我们为布里斯老师八年级历史课跺两次脚。一！二！"

我们已经为设想的发言写出了逐字稿，因为我们认为具体的词语和发言框架很重要，并且我们认为这是一个伟大的学校领导应该做的事情。在这种情况下，目的是"捕捉到"示范学校美德的学生，并彰显出这些事情的意义。捕捉美好时刻是件好事，而捕捉到后有一个积极的、很棒的环境来分享它们则是更好的事情。这就是会议或其他机制的力量。有了一个庆祝美德的好地方，现在你就有动力去寻找美德了。

从这个例子也能看到我们特别喜欢学校领导提到那些本来可能会被忽视的小时刻。帮助学生认识到这些行为如何让学校变得更好和更受大家喜爱，这很重要。我们想让积极的行为更容易被注意到，让学生理解其中的价值。虽然我们的例子来自全校会议，但它也可以来自年级会议，或者在一个教室里举行的会议。

关于上述例子的另一个细节是：在结束时我们让规模更大的"村庄"

表达赞赏，在上述例子中是打响指、跺脚或鼓掌的形式。我们认为重要的是增加一些象征性的东西，以表明整个社区重视行动，而不仅仅是说话的人。这就是为什么我们喜欢"打响指两次""鼓掌两下"和"跺脚两次"。通过这种快速的肢体动作，我们可以让学校社区表达出他们对人们的赞赏和对某种观点的肯定。由于这些肯定和赞赏经常被使用，所以仅用一次"打响指"（第3章中的做法）可能是不够的。在会议中，你需要混合使用它们："为阿拜德打响指两次、跺脚两次！""为德斯里鼓掌两下，然后来一次欢呼！"

虽然我们已经提到过，"会议"可以在一个年级甚至一个教室里进行，但当它把学校不同年级的学生联系起来，感觉是各个构成部分终于合体时，这是最理想的。当德纳留斯采访了一群学生，询问他们喜欢和重视学校的什么（在第1章中有描述）时，他惊讶地发现：1）学生们喜欢见面，2）他们最喜欢的是有机会看到来自其他年级的学生并与他们互动。

换句话说，举办"会议"的方式有很多种，学校不必只选择某一种。一位学校领导告诉我们："我们有可以在同一个年级建立联系的社区圈子，也有每周五在全校学生面前举行的表彰学生领袖的庆祝活动。"他们有各种不同的会议，参与者是不同的群体，有着不同的参会目的。我们要指出的一个主题是质量比长度更重要。你希望会面充满活力和积极向上。你想让人们离开时希望它能再长一点。不要喋喋不休。如果在一个话题上有更多要说的，在下次会议上再提出来。如果会议表达了我们的价值观，这些价值观应该包括尊重人们的时间和仔细计划事情。

另一种表彰展现品格和美德的学生的方法是创建一个简单而具有象征意义的物件，例如，用代表学校的颜色制成的层压心形或一张吉祥物的照片。学校领导可以这样说："这周我要在布里斯老师教室外的墙上挂一颗绿色和金色相间的爱心，以感谢我所看到的一切。"或者说："我要在走廊里学生们帮过忙的那些地方挂上鹰徽。"现在学校有了一个描述美德行为的简单体系（晨会），一套集体表达肯定和赞赏的系统（跺脚、鼓掌等），以及一个可以帮助人们记住这些行为并持续表达赞赏的小而简单的系统。用乔·柯比的话说，他们创造出了很多"蝴蝶"。

构建视觉文化

在老师的教室外或走廊上放置一个象征物——比如鹰徽——以表达对这里体现的价值观的赞誉，这是强化品格和归属感的另一个关键机制的典型范例，即视觉文化。墙壁也会说话——学校可以把它们设计成一种讲美德和价值观的语言。包括现在和以前的学生的语录，学生做的重要事情的照片，或社区主要成员的语录，这些都是一些典型的做法。而且恰好这些都是非常简单的动作，非常适合领导者委派给一群喜欢这种事情的老师，这对于创建一个温暖和支持性的社区有巨大的影响。

我们知道的一所学校采取了下列的做法，想想看这可能带来的影响：他们在学校前厅走廊里展示出了每一个学生的大头照，下方写着他们的名字（脸加名字）。就是这么简单。突然之间，对于教师和同学来说，使用学生的名字要容易十倍。表达归属感的最简单的方法之一就是直呼他们的名字。如果学校的秘书知道你的名字，如果管理员知道你的名字，如果你是四年级学生但五年级的老师知道你的名字，你就会觉得自己是被认识的。当然，对于成年人来说，这也是一种很好的唤醒记忆的方法。当你看到一个学生但不确定他的名字时，你可以冲到走廊墙那里去确认一下。下次你就一定会记得的！

　　或者考虑一下我们最近访问田纳西州孟菲斯里斯学院时看到的情况，在那里我们注意到一个名为"储物柜心声"（Locker Shoutouts）的系统。社区成员可以领取一个小的感恩便利贴，就像照片中显示的那样。在上面，他们写了一段简短的感谢，并贴在学生的储物柜上。在访问期间，我们注意到一个名叫杰伦的学生收到了一位老师的便条，对他在课堂上的热情表示赞赏。

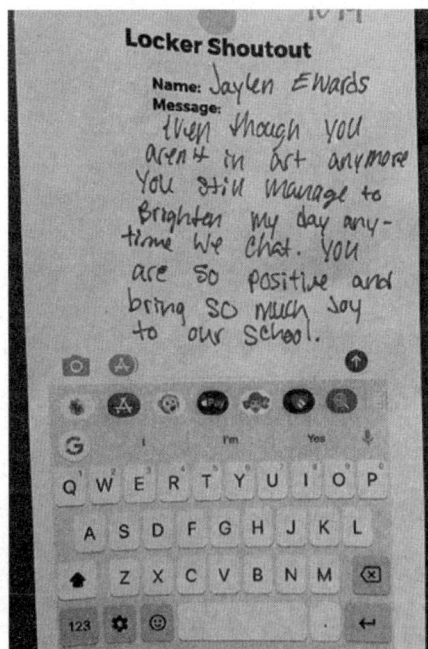

　　这是一个简单的系统，可以让好的东西更容易被欣赏，更容易被看到。除了杰伦在他的储物柜上发现了这张纸条之外，另一名学生萨拉还给同学玛格达写了一封感谢信，感谢她在午餐时帮她解决了一道数学题。是的，玛格达回到储物柜看到这个表示感谢的小纸条一定感觉很好。是的，杰伦一定对学校有强烈的归属感。但萨拉也一定很高兴能够表达她的感激之情。想想看当学生们走在走廊里，看到被感恩纸条点缀着的储物柜——象征着对社区成员不断展示出的高尚美德的感激，他们一定会对这个世界有不一样的感受。它们把学校变成了一个更积极、友好和充满支持性的地方。由于我们对集体规范的认识是驱动我们行为和动力的最重要原因，因此这些感恩纸条一定会激励学生努力让自己的表现符合这些正能量的、健康的规范。

顺便说一下，请注意，"储物柜心声"便利贴的下半部分印上了一个键盘的图像。这可能看起来很奇怪，但这是一个微妙的暗示。在其他地方，我们讨论了教学生积极的社交媒体习惯的重要性。键盘在向学生们暗示：如果是在手机上发送这样的消息也一样好。这是一种你可以发布的东西，以建立一个积极和支持性的在线社区。

事实上，尽管我们对社交媒体持怀疑态度，但我们认为学校可以尝试一个电子版本的储物柜心声表达，可以让社区成员的善意更广泛地被看见，并可以为学生示范如何使用社交媒体来表达赞赏而不是诋毁。

作为校长，德纳留斯花了很多时间来规划视觉文化。以下是他利用它在非凡大学特许高中建立文化的几个例子。

在这幅图的顶部，你可以看到德纳留斯的学校选择的美德。你在学校各处都可以看到它们，照片里的是一组代表了对应美德的人像，学生们对他们的故事也很熟悉（他们在会议上讨论他们的故事！）。此外，花时间张贴优等生名单显示了学术成就的重要性。请注意，这些材料都被仔细地贴好，间隔一致，排列整齐，墙壁干净整洁。这表明我们重视所发布的内容。

很多学校会张贴名人名言，这种方式也不错。但以下这种引用校友话语的方式就更棒了。

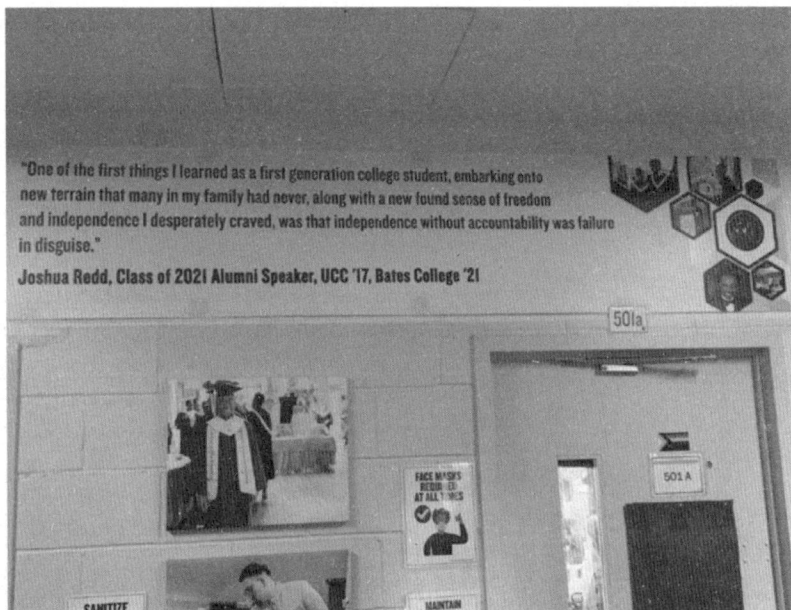

（作为第一代大学生，我踏上了我的许多家庭成员从未涉足过的新领域，感受到了我深深渴望的全新的自由和独立感，而我最先学到的道理之一是没有了责任感的独立就是伪装的失败。

——约书亚·里德，2021届校友演讲嘉宾，非凡大学特许高中2017届毕业生，贝茨学院2021届毕业生）

或者看看这面墙：另一段精美的毕业生语录，还有一个彩色的写字板，人们可以在上面对教职员工说"谢谢"。这是"一石三鸟"的事：它赏心悦目；它引导学生分享感激之情；它让老师们快乐、充满动力和被珍视。做一些对社区和对自己都有好处的事情是很简单和有吸引力的！

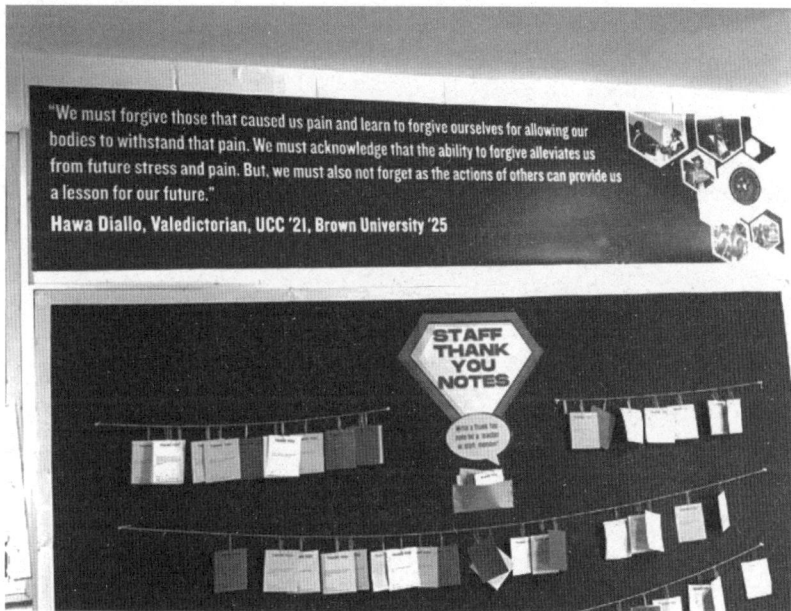

"We must forgive those that caused us pain and learn to forgive ourselves for allowing our bodies to withstand that pain. We must acknowledge that the ability to forgive alleviates us from future stress and pain. But, we must also not forget as the actions of others can provide us a lesson for our future."

Hawa Diallo, Valedictorian, UCC '21, Brown University '25

（我们必须原谅那些给我们带来痛苦的人，并原谅自己让本人的身体承担这些痛苦。我们必须承认，学会宽恕将把我们从未来的压力和痛苦中解放出来。但是我们不应当忘记，他人的行为也给我们的未来上了一课。

——哈瓦·迪亚罗，毕业致辞优秀学生代表，非凡大学特许高中2021届毕业生，布朗大学2025届学生

图片下半部分为"教职员工感谢便签"。)

建立连接机制

我们已经讨论过要和青少年谈论什么来帮助他们健康成长（美德！感激之情！韧性！），并分享了一些学校何时以及如何参与这些对话（会议！）的例子。但正如我们提到的，最理想的是将与正向心态和习惯相关的对话

融入学校文化中——就像教室里的归属感线索一样，它们应当是持续的小信号。

以下是一些可以用于发展文化建设机制的时机和场合，你可以在这些情境中推进社会情感学习教育。

到　校

在杉农·本森（Shannon Benson）的教学视频中，时任新泽西州北极星克林顿山中学学生处主任的杉农和他的同事安娜丽丝早上在门口迎接学生和家长。还有什么比热情的问候和握手更能提醒你是这里的一员的呢？在大多数情况下，杉农可以直接叫出学生的名字并和他们打招呼（再过几个星期，他就能叫出所有学生的名字了）。他还会与家长进行简短的问候和互动。这是建立关系的好方法，也能让父母感到受欢迎。

以下是我们看到的一些互动类型：

小的玩笑时刻：杉农跟约翰尼拿他的水瓶开玩笑。

"一切都好吗？"时刻：杉农和一个男孩这样问候，以确保昨天放学后他一切都好。

实用细节：杉农利用这个机会走到送学生来的车旁，问了他妈妈关于一份找不见的许可表的事。这比打电话说强多了！

关于文化的小提示：杉农用刻意示范的语调微妙地提醒了约翰尼如何与成年人打招呼："早上好，约翰尼！"他使约翰尼注意到他正在做示范，并期待约翰尼也用这种方式回应他。

教育时刻：他热情地欢迎一个女孩的到来，但杉农问女孩她对于昨天的行为应该对老师说什么。女孩面带微笑地回答："我很抱歉。"杉农然后和女孩保证，无论昨天发生了什么，她在他眼里都没有减分（"你不是那样的人"）。他解释了为什么承担责任很重要，然后他们击了掌。女孩很高兴能弥补过错，恢复如初。还要注意的是，这位学生的母亲知道了这件事——他们通过电话讨论过这件事——但杉农向她保证一切都好。

说实话，整个到校的过程感觉就像古早时期村庄里的一幕，人们有着更强的、更普遍的社区礼仪和连接，它们在人们的生活中占的位置更重。

学校可以用一千种方法来塑造文化、设定期望和建立归属感。例如，最近我们看到了非凡学校罗克斯伯里预备中学（Uncommon's Roxbury Prep Middle School）的校长丹·科斯格罗夫（Dan Cosgrove）在学生到校时向他们打招呼。他站在学校门口，点名欢迎学生。他递给了学生他打印出来的一些卡片，卡片上写着几句充满正能量的、可以对自己说的、帮助增强恢复力的话，然后他让学生从中选一句，想想可以用上它的情况。

换句话说，到校时是建立社区和塑造健康心态的理想时机——这是一种机制。它可以让教师与他人建立联系，维系关系，为一天定下基调。（留意他们握手的动作和眼神交流。注意，当杉农和安娜丽丝向学生打招呼时，学生也向他们问好。）这是学生在疫情期间、在他们的生活重心迁移到虚拟世界中后都没有练习过的社交技能。

用　餐

用餐是塑造文化的另一个理想时机。在几乎每一种文化和信仰中，一起吃饭都是一个有意义和重要的时刻。我们经常在吃饭前祈祷，我们通过邀请别人一起吃饭来释放最明显的友好信号，我们用一顿大餐来庆祝开心的事。

事实上，到目前为止，我们已经看到了一些学校利用就餐时间来表达文化的例子。

早些时候，我们看到伦敦的米凯拉社区学校如何利用午餐结束后的时间创造一个公共环境，让学生们可以表达感激之情。除此之外，他们的用餐中还有很多细节都在帮助建设文化。学生们轮流负责清理盘子、端饭、把塑料罐里的饮料倒出来。这顿饭是家庭式的，学生和老师边吃边聊着有意义的话题。学校还经常在午餐结束时朗诵诗歌。这是一个充满智慧的时刻。（学生们为能把这些诗背下来而感到自豪，更为能把它们分享给你而感到自豪。）聆听并与上百个洪亮的声音一起齐声朗诵是一种震撼的体验。

在第2章中，我们看到卡迪夫高中如何利用午餐后的非正式时间，让学生们以各种非正式的方式参与各种活动来提升退化的社交能力：国际象棋、乒乓球和纸牌。

海军学院也采用家庭式就餐。值得注意的是，如果对一些美国学校来说公共餐成本过高或后勤挑战太大，那么可以不必每天进行。可以是周五或者假期的前几天开展。或者还可以设立一个"校长桌"，学生们轮流被邀请，或者根据他们的品格来赢得加入的权利。

早餐时间也有可能成为文化建设的场合。芝加哥和辛辛那提振兴学校（ReGeneration Schools in Chicago and Cincinnati）的首席执行官斯黛西·谢尔斯·哈维（Stacey Shells Harvey）在疫情后很快意识到这一需求。在开学的头几天，和许多其他地方一样，学生们被要求保持间隔6英尺（约1.8米），且要戴着口罩。在同一时间，一个地方只能容纳一定数量的学生，所以早餐就转移到了教室里。大家讨论最多的是一些后勤问题，比如怎么拿取和放回餐盘与牛奶盒。在这样的环境中，非正式的谈话变得枯燥无味。这听上去可能有些熟悉。

但即使人们摘下了口罩，桌子也放得（稍微）近一点了，奇怪的寂静仍然存在。斯黛西在早餐时注意到一件尴尬的事：早上还是几乎没有人聊天。她注意到，有些孩子会用眼睛在房间里寻找他们不知道该如何开始的联系。因此，她实施了一个名为"早餐问题"的想法，由教师轮流撰写，并由行政部门批准和审查。他们每天早上将其贴在教室里，每天三个问题，供学生讨论。这些问题很吸引人，也很有趣，既有好玩的，也有稍微严肃一点的：

- 猫和狗，哪个是更好的宠物？
- 同意与否：书总是比电影好。
- 和谁一起出去玩最合适？为什么？
- 同意与否：今天的世界比你父母小时候的世界更好。
- 学校是否应该惩罚在社交媒体上发布刻薄帖子的学生？
- 你愿意在一个总是赢球的团队里做最差的球员，还是在一个总是输球的团队里做最好的球员？和你的同伴讨论。

斯黛西的方式是让全班同学都一起讨论这些问题，但学生们也可以以小组形式在食堂的餐桌旁进行讨论。这个想法是通过日常练习来促进对话和培养社交技能。她的学校还使用了第3章中提到的"讨论的习惯"的技巧，即使主题更加非正式，他们也会将技巧和这里说的讨论方式结合起来使用。学生们注视着彼此，重述彼此的观点，在对方观点的基础上进行补充。"活动必须是像排球一样的集体运动，而不是乒乓球一样的个人战。"斯黛西告诉我们，"我们告诉老师，'开展讨论时先让孩子们尽情讨论，然后你再提出新的问题，而不是给出回答。你要做的是让孩子们一直进行交流'"。

　　甚至游戏也可以在建立联系和培养社交技能方面发挥作用。位于科罗拉多州丹佛市的奋斗预科学校的首席学术官伊莱沙·罗伯茨（Elisha Roberts）分享了她在学校演讲和辩论社会议上看到的一段经历。这个活动有时被称为小组报数，学生们必须在没有指定顺序且相互没有沟通的情况下，以一组的形式大声从1数到25（或更高）。如果两个人同时说了"18"，他们就得重新开始。这次活动的目的是提高同学们的同伴意识，培养耐心，并学习作为一个团队来完成一项具有挑战性的任务。要想成功学生就需要读懂非语言暗示，建立眼神交流，学会耐心与合作。伊莱沙指出，学生们开始意识到房间里的社交线索，这有助于学生通过合作和取得成就来与同伴建立信任。他们在每次会议开始时都高兴地进行这个活动，这逐渐成为一种传统。虽然你可以在任何地方进行这个游戏，但最理想的场合大概是早餐或午餐时。

走　廊

　　短暂会面的场所也可以建立连接。走廊就是一个很好的例子。罗彻斯特预备学校（Rochester Prep）是道格帮助创办的一所学校，其中一个不同寻常的特点是走廊上有桌子。当时的想法是，教师们在空闲时间可以坐在桌子旁备课、批改试卷。此外他们也有部分职责是要进行所谓的"被动监督"。

　　成年人大部分时间都在那里安静地工作，但事实证明，让他们在走廊里办公改变了中学生的行为。当学生从教室里出来进入走廊，看到大概20米远的地方坐着数学老师，经过时老师会抬头跟他说"早上好，亚历克斯"，此时他们会做出的行为表现和进入一个没有老师的走廊会做出的是不一样的。被别人看到会改变他们的表现。它是一种微妙的提醒，促使人们选择做正确的事情。

通常正在"被动监督"的老师会跟学生打声招呼（"你好吗，亚历克斯？"）或者问一句"你要去哪里？"或者"你们现在下课了吗？"或者类似的话。尽管语气很温暖，但这些互动仍然让人感觉有点不对劲，感觉老师看到学生的第一件事就是在意他们是否是在下课时间出来的。这似乎浪费了一个机会。

这让老师们开始思考一个问题：老师对学生说的第一句话应该是什么？为什么？答案是最好的回答其实是就学生正在学习的内容进行提问。这传递的信息是：我看到了你，你是一位做学问的人。所以，进行"被动监督"的老师（或者在上课时间在走廊看到学生时）可以尝试以下这些互动方式：

嗨，亚历克斯。你在上哪门课？

哦，历史吗？很不错。你们今天主要讲什么？

哦，南北战争？不错。你们讨论过葛底斯堡战役了吗？

还没有？许多历史学家认为这是战争的转折点。你们稍后应该就会讨论的。

或者：

已经讨论过了？酷。是一次勇敢的行动，对吧？那么我要考你一下了：为什么历史学家说这场战役对战争结果有很大的影响？

好吧，再问一个问题，因为我知道你得走了（指着厕所），稍后还要回去上课，但我们来看看你掌握得怎么样。就考考你近十年的事吧！内战是什么时候开始的？不错嘛！1861年！看看你，你真爱炫耀！

跟你聊天很愉快！快去干完你要做的事然后回去上课吧，别错过讲课了。准备好听听葛底斯堡战役的事，哈塞尔先生接下来肯定会说到的。

就这样吧，他要讲这课的时候告诉我，我可能会去旁听。

或者：

嗨！是要去上洗手间吗？

嗯，提醒一下我你的名字是什么来着？

噢，亚历克斯。对的！我老了，亚历克斯。你不知道我一天要忘多少事。

听着，今天我要给班上的人进行数学测验。你至少要答对两道我才能让你过去。

不然你就困在我这里咯！

好的，让我们从两位数的乘法开始。你能心算15乘11吗？

不能？好吧，那我们从简单一点的问题开始。首先算一下15乘以10。好的，很好，150。

现在再试一下15乘11？答对了！165！

那15乘以12呢？

好的。没有数学问题了，你求我也没有了，哈哈！

再见，亚历克斯。哦，等等……亚历克斯！15乘以11等于多少？

165，真棒！

这样的安排有很多好处。课间在走廊上出事的次数变少了。而在整个学校里，一个不言而喻的信息是：当学校的教职员工看到我时，他们的第一想法是把我当作一个做学问的人。学生们觉得自己是被认识的、被看到的，而老师们则可以选择自己熟悉的话题来谈论。（"我正准备把这首诗教给七年级的学生。看看你能不能猜出诗名！"）一位老师在墙上贴了一张地图，这样他可以更轻松地问地理问题。最后，套用教育顾问阿德耶米·斯坦布里奇（Adeyemi Stembridge）的话来说，孩子们通过实在的聊天内容与成年人建立了联系。青少年发现，学习是与周围人建立关系的好方法。

在走廊里设置工作台的想法来自约翰·麦克菲（John McPhee）的书《校长：迪尔菲尔德学院的弗兰克·L.博伊登》（*The Headmaster: Frank L. Boyden of Deerfield*）。"在他的第一年，"麦克菲这样描述这本书的主题，"他在学校大楼前门的暖气片旁摆了一张牌桌。这是他的办公室……因为他希望能够知晓和参与到学校发生的每一件事中。"

换句话说，这一想法始于学校领导层开始增加自己对学校日常生活的理解。首先，他们开始在走廊里工作。（在这本书中，我们花了一点时间批评科技手段，但这里我们想暂停一下，表扬一下电池续航时间的技术提升以及由此给教育工作者带来的显著好处！）他们发现自己很快就更了解这所学校了。他们发现，每隔50分钟左右，在走廊上停下来向学生打招呼、重新引导、挥手或提醒他们，这对建立关系也有好处。这个方法非常有效，因此有更多的老师加入进来轮流上岗。它还有助于在员工之间建立起相当程度的互惠主义。当你对自己教室以外的空间负有共同的责任时，老师们就不会再对学生们在走廊上的出格举动或他们对同学的粗鲁举止视而不见了。

　　这里的重点是走廊以及同学们花在那里的时间为学校提供了一个机会：这段时间被大家忽略了，这是一段可以被有目的地利用起来的时间。我们认为，第一步是确保走廊的秩序，确保学生之间相互尊重是常态。如果这一点做不到——如果学生们害怕走廊，或者认为走廊上总是有不好的事情发生，或者总是有人在走廊上吃饭，那学生就很难有强烈的社区意识。一个可能有用的小技巧是（至少在中学，同一时间段基本是同一个年级课程的情况下），可以错开下课时间。六年级是从10：31到10：37，七年级是从10：39到10：45。这样一来，你需要管理的学生就少了，也就更容易塑造互动文化。或者可以让老师在课间站在教室门口，盯着一点走廊上的学生，这也可以基本达到"被动监督"的效果。

　　你还能用走廊做什么？老师能不能每天安排小测验，给能认出世界地图上的三个国家或三张世界领导人照片的学生颁发奖品？是否可以有一个展区，让学生可以停下来写下感谢或赞赏的便条？能不能用一个小扬声器播放音乐，让那些在学校表现良好的学生来设定当天的播放列表（当然，要得到大人的批准）？我们相信还有比这更好的主意。关键是要把走廊看作一种潜在的机制，一个反复出现的时刻，它提供了一个机会，帮助学生塑造品格和积极性，在一天中不断感受归属感。

　　"咨询"是另一种可以使用的机制，即每天或每周由一位老师与一小群同学（通常来自多个年级）进行的会面。咨询可以在一天的开始时进行，咨询者可以进行点名，或者在学校的某处坐下来——餐厅、办公室、走廊长凳或者午餐后的一点时间里，然后学生可以进行一天开始时的"签到打卡"或者可以逗留一会儿，短暂地聊几句天。比起常规的在教室里签到，在桌子旁在一个友善的小团体里进行签到要好得多，也温暖得多。或者，也可以在一周结束时进行咨询：让大家迅速地检查一下是否所有作业都已做完，或者在小组中以写日记或感恩练习（例如：我感到感激的三件事以及原因）的形式进行回顾反思。

战略性干预

几乎可以肯定，由于疫情和手机成瘾的问题，学生们的社交技能总体上有所下降，但对一些学生来说，这种下降已经严重到他们将很难建立有效的人际关系。这些青少年将面临的冲突会更多，更难以解决。对于他们来说，潜在的联系也在一点点消失。他们会出现在学校里，但与同龄人相比，他们的联系要少得多，甚至可能在人群中孤独一人，因为他们缺乏与同龄人交往的技能。学校将不得不比以前更加做好准备，去指导某些学生如何开展社交，尤其是那些仅靠学校提供的社交机会还不足以建立联系的学生。

在我们所知道的一所学校中，一位经验老道的联系员老师——学生处主任——会邀请某些学生在大办公室的教师会议室里吃午餐——这是一个特别的、属于成人世界的地方。孩子们被邀请来吃午餐，如果他们愿意，有时还可以带一个朋友一起来。通常情况下，大多数受邀者都是表现还行的孩子，有时也有表现很突出的孩子——就是一种混搭的方式，它的好处是让学生与他们社会群体之外的同龄人建立联系。但也有一些受邀者是经过精心挑选的，因为他们不太会与他人建立联系。虽然他们不知道，但其实，这个午餐就是为他们设定的。谈话大多是轻松愉快的。有时他会提前准备几个问题（很像斯黛西·哈维的早餐问题）。有时他会读一篇短新闻文章，邀请学生进行讨论。但他一直在掌控和调整对话，试图吸引那些需要插话的孩子，试图巧妙地提醒那些需要少插话的孩子不要插话。他刻意示范眼神交流和肢体语言。有时他会提供一些反馈："这很有趣，大卫，但也许莎娜想先把她的观点说完。"他在教授社交技巧。有时讨论结束后，他会把一两个学生拉到一边说："你很好地表达了对伊亚娜故事的欣赏"或者"我下周会邀请你回来，我希望你能试着加入我们的谈话而不打断我们"。

如果这种关于"如何面对面交谈"的指导和课程可以让学生受益，那么关于"网络社交"的课程大概也可以。事实上，我们认为学校应当为学生提供一些关于如何用对情感健康伤害最小的方式使用社交媒体的简单且实用的建议（可以面向全校学生，也可以仅面向那些有相关困惑或陷入相关麻烦的学生），这会是很有用的一个方法。

例如，一些研究人员认为，社交媒体对青少年的破坏性这么大，原因之一是它引发了持续的比较。这个朋友在看篮球赛，那个朋友在海滩上度假，还有一位朋友晒出了精心拍摄的照片，看起来她在音乐会上玩得非常开心。这种与他人生活有选择性的片段的所有对比都会让你疲惫不堪。

此外，在社交媒体上看到大家都在某个活动中玩得非常开心（或者看起来非常开心），而你甚至都没有被邀请，这也让人感到不适。

如果你意识到你在网上看到的其他人的生活是加了滤镜的，以及你在心情最不好的时候是最脆弱、最容易产生孤立感的时候，因此是最不该看社交媒体的时候，这会有用吗？至少不会有坏处。

显而易见的是，不同的学生和群体对社交媒体环境中的语调和潜在的消极因素的感受可以有很大差异。我们其实可以帮助学生获得更积极的支持，并建立相互关系。阿克尔建议改变一个小习惯来帮助一个人改变在使用社交媒体时的态度。用户应该为自己设定一个目标，当他们使用社交媒体时，他们将寻找5—10件发生在他们认识的人身上的好事。我们的目标是立即对他们做出积极和支持的评论。这是另一个"扫描"练习。也就是说，你看到的都是你在寻找的东西，所以如果你能让自己积极地寻找快乐的事情，如果你把它们框定为一件好事——"祝贺你，切尔西！真为你高兴"——它会改变你对社交媒体的看法。你会看到更多好消息——或者同一条新闻中有更多"好消息"——因为你正在寻找它。这也使得人们更有可能做出同样的回应，建立一个更温暖的社交媒体环境。

我们和自己的孩子、学生和家人分享的另一条有用的建议是，如果可以的话，不要回应网上刻薄的评论，即使它是针对你的，即使它会伤害你，即使你非常想这样做。它只会让你在心理上进一步沦陷，并向人们发出一种信号：他们可以通过攻击来激怒你。当你看到一个人攻击另一个人时，避免火上浇油也是很有用的。这不是冲动的时候，而且这往往会反噬到你。人们对背叛他们的人和事可以记很久。这很难做到，但学习这样的社交媒体使用技能对青少年来说很有价值，对那些最孤立或最敏感的人来说更是如此。

也可以考虑一下对父母进行社交媒体培训。不允许学生把手机放在房间里睡觉是家长能做的最简单也是最重要的事情之一。定期检查孩子的手机，知道最新的账户和密码信息也很重要。振兴学校首席执行官斯黛西·谢尔斯·哈维告诉我们："大多数家长对学生的网络生活一无所知。他们会说：'不，不，不，她没有任何社交媒体账号。你说的那些她都不会做。'但因为我们处理了太多这样的例子了，所以我知道大概率他们是被蒙在鼓里了。""嗯，她有一个名为'疯女孩2026'的账号，你应该注意一下她分享的照片。"

　　在写下这个建议时，我们认识到，本书的主题其实是找到能引发蝴蝶效应的小事——不需要大量时间和资源投资就能有所作为的方法——因为目前学校必须做的事情太多了。我们认为社交媒体教育就可以用这种思路，事实上，如果你把因此可以避免的冲突考虑在内，这其实可以省下一大笔人力资源，因为它们不会在学校发生。一位高级管理人员告诉我们："今年我们学校发生了一连串的打架事件。""太多了，我让我的员工开始调查这些事。大多数都发生在放学后。几乎都是因为社交媒体上的评论逐步升级最终引发了打架。而且基本上都是一些与事件不相干的其他孩子在社交媒体上煽风点火：他们打算今天下午放学后在墙角这里解决这个问题。一旦发生这种情况，学生几乎没有退路。"

第 **5** 章

战略性地设计与开展连接课

在本章中，鉴于我们在第1章中讨论的挑战，我们将讨论如何调整学校设计方式的几个关键方面，以更好地满足学生的需求。显然，并不是说每所学校都应该采纳我们讲到的每一种做法。"调整"这个词可以代表的范围很广，可以是当前学校工作重点的一个微小改变，也可以是一个整体的改革。我们将从一个同事讲过的一次"调整"案例讲起，在这个例子中，学校从归属感的角度出发重新设计了学校的课外活动。我们选择讨论这个案例，一部分原因是这个学校采取的调整对其他学校也有借鉴意义，还有一部分原因是我们认为这个案例中的反思过程——组建团体并重新思考学校在全新的或改变后的文化中应该坚持的要素——对于面临相似情况的学校来说是一个重要的工具。也可以说，我们的目标是帮助学校启动一个有战略性的反思的过程。我们建议可以从某些领域开始——如何设计课外活动，学校领导如何开展工作，当学生的行为破坏了学校文化时学校如何用不同的视角看待这个问题，在这些领域中开始反思工作是非常重要的，但我们也希望这只是一个开始，希望我们在这里讨论的案例也可以被轻松地应用于其他相关的主题中去。

让我们回到书的一开始，我们注意到在珍·特温格提到的所有活动中，那些对降低青少年孤独感、抑郁感和焦虑感有最显著作用的是像运动这样的活动——那些需要持续的参与、共同的目标、合作和融入的集体项目。在这些环境中，马丁·塞利格曼提出的幸福要素得以体现：学生们当然会从这些活动中获得乐趣，但也会感到投入并找到意义。它们是建立认同感的活动。在这些地方，把手机拿出来会显得很奇怪。我们希望多为青少年提供这样的服务，或者至少提供更多高质量的服务。显然，学校在这方面可以发挥很大的作用。

但课外活动的运作方式已经发生了变化。随着学生花在手机上的时间越来越多，他们不太可能参加学校的活动。一位校长描述了他走过教室时的情景，曾经充满活力的辩论社正在那里开会。那时刚放学，房间里有五六个孩子——没有足够的人做他们通常做的事情——所以他们在等待，希望其他人会出现。有几个学生在玩手机，也许他们是在给朋友发短信鼓励他们来，但也许他们只是在做我们现在被要求等待时所做的事情——刷手机。这样一来，房间就显得更加死气沉沉了。人不够多，就算是到了现场的人似乎也是"人在曹营心在汉"。

我们假设这五六个孩子喜欢这个社团活动，它在他们的生命里扮演了重要的角色——他们会和社团的其他同伴一起玩耍，有些可能会给自己贴上"辩手"的标签。但现在他们坐在半空的教室里，无望地等待着一个不会开始的活动，那么他们中还有多少人会在下周二再来呢？换句话说，社团就要解散了。校长路过这里，看到了可能是这个社团的最后一次活动，讽刺的是，现在正是学生们最需要这样的社团的时候。

学校提供的课外活动非常重要。它们让青少年的生活充满意义，提供新的体验，最重要的是它们提供联系、合作以及与同龄人的丰富互动。但是要让学生更多地参与到活动中去，仅靠打开教室大门，让模拟联合国社或西班牙语社的同学排队进入已经是不够的了。

这让我们想到查理·弗里德曼，他在田纳西州纳什维尔市经营纳什维尔古典特许学校，我们在第2章中提到过他。查理不是上文中提到的那一位看到辩论社惨淡景象的校长，但他确实强烈地感受到学生们的孤独感，他认为学校的课外活动可以做得更好，所以他在办公室召集了七名同事。这七个人在学校里扮演着各种各样的角色：一个是唱诗班的负责人，一个是教练，还有一两个只是"联络人"，他们是孩子们很容易接纳，也真正能理解小孩的老师。查理要求他们帮助他思考如何使课外活动真正发挥作用。他想从为什么开始。弗里德曼告诉我们："疫情发生的时候，我们这里最大的学生是六年级的，现在当他们返回学校时，他们已经是八年级的学生了。"他们错过了中学的大部分时光，而这所新兴的、不断变化的学校也突然变得更大了。"这提供了一个独特的机会，让我们退一步思考课外活动的目的是什么。"他们基本上确定了三件事：

● 一是为学生提供认同感，让他们有机会说："我是唱诗班的。""我是篮球队的。""我是啦啦队队长。"查理和他的同事们认为，对于一个中学生来说，这是一件很有力量的事情。

● 二是让学生有机会与值得信赖的成年人建立非正式的关系。

● 三是给学生表演的机会。虽然不是每个学生都有机会参与表演，但是查理想要努力动员和激励人们去观看表演和赛事，这样他们也能感到自己是特别的。

在列出指导决策的关键原则后，他们在一系列会议上问自己：如果这三点是正确的，那么这对他们的课外活动意味着什么？他们开始一个问题一个问题地重新思考，从谁领导他们开始。

"在项目教练和负责人的津贴上我们比之前多投入了一些，并且努力调配了最出色的教师和联系者来管理这些活动，有时候可能他们欠缺一些专业技能，但是我们认为最重要的是他们是值得信任的精神导师。"

理想情况下，你的网球教练应该能让你感觉自己是团队的一员，让你期待练习，还能跟你谈论反手握拍、发球和截击战术。但是我们认为，如果你必须选择，前者比后者更重要。

他们也开始在两个层面上考虑受众。首先，如果目的是给孩子们一个表演的机会，那就一定要有观众。你花了一学期的时间准备了一出戏剧，等到正式演出时来了15个人，但全部是家长，又或者一部分是家长，还有一部分是同学，有的你很熟，有的你不怎么熟，那这两种情况中你的感觉是不同的。第二天他们可能会说，"嘿，我不知道你会演戏"。或者你可以说，"谢谢你来看戏"。这一瞬间你们就建立起了联系。

其次，如果体育馆看起来是半空的，而不是爆满，那么比赛的体验就完全不同了。团体需要感到支持和充满活力，无论从观众的数量上还是行为上。考虑到这一点，弗里德曼的小组认为，虽然不是每个人都可以参与，但如果他们设计得当，每个人都可以作为观众感受到活动的一部分。他们都知道，有些人选择他们就读的这所大学，部分原因是他们一流的体育项目——不是为了打球，而是为了成为一个球迷，为了能感受飘扬的旗帜和振奋人心的鼓声，能盛装出席活动甚至是为了能在脸上涂上彩绘，更是为了能与同伴一起呐喊。人们为此选择了一所大学。作为观众的体验很重要。

如果他们能够设计观众体验，他们将使每场活动对观众更具包容性，对表演者更有意义。正如弗里德曼告诉我们的：

"我们是一所充分发展合唱、班级欢呼和呐喊的学校，我们有非常厉害的音乐活动。我在休息时读的一本书中看到一些关于音乐、吟唱和舞蹈如何建立最基本的人与人的联系的研究，以及为什么许多宗教都使用这些东西。这只是一个和很多人一起做事情的机会，你的心跳会快一点。所以寒假结束后，我们明确这些事情真的很重要，让孩子们一起欢呼、呐喊，让全校学生一起歌唱，这很重要，我们应该不惜一切代价找到方法来做到这一点，因为我认为这实际上是社区意义的一部分。"

因此他们花了很多时间来安排篮球比赛以及类似活动时看台上的事宜。也就是说，他们从观众开始重新设计了这个活动，想想有多少种方法可以把这个想法付诸实践是很有趣的。在大学和职业体育赛事中，不仅有唱歌，而且通常还有一个环节，学生们可以坐在一起，作为一个集体为球队助阵（纳什维尔古典特许学校就是这么做的），而不是随意坐得分散而混乱。大家在人群中分发T恤，中场休息时还会为球迷们举办比赛。

在大学和职业体育赛事上，人们会在大屏幕上对着镜头做夸张的表情。之所以让摄像机对准观众就是为了让他们体验到参与感，这很有用。在常规的体育场里，当摄像机对准观众时，人们就会站起来欢呼或跳舞。那么没有理由认为学校就不能这样做，只不过可以以一种更简单但同样有意义的方式，从而让观众感受到自己是活动的一部分。你可能没有一个大屏幕，但你可以四处走动，用手机采访和拍摄人群，然后把视频（或图片）上传到脸书上。当然，镜头后面的"你"可以是学校工作人员，也可以是学生，这将让更多的孩子有机会在活动中发挥有意义的作用。

出席活动可以指加入活动，想要做到这点，那就意味着要有一群充满活力的观众支持表演者，并且有一群充满活力的群体等待着观众们的加入。你可以在学校演出时做到这样或大致做到这个效果吗？你可以卖爆米花、分发T恤、四处走动并随时记录和采访观众，使之成为一项"大事"并让观众感到参与其中吗？"学校精神"是他们在过去的时代所说的。我们中的一些人现在可能会嘲笑这句话。但话又说回来，那时人们也觉得自己的学校更像一个社区。

这所学校还把所有精力都放在了身份的概念上。为了做到这一点，他们做了很多在更大的学校中常见的运动活动（纳什维尔古典特许学校很小）。"我们计划了一个誓师日来启动这个赛季，每个人都有一件统一的T恤，我们让老师打扮成吉祥物，等等。对于队里的孩子，我们装饰了他们的储物柜。球队的孩子们还得到了一件'热身'衬衫，他们在比赛日穿着去学校，"弗里德曼回忆道，"我们的第一场主场比赛是感恩节前的周二，我们不遗余力地向我们的社区做广告。因为很多人都有家人在城里，或者即将度假，所以到场人数远远超出了预期。"

在本赛季的最后一场比赛中，他们为女孩队、男孩队和啦啦队举办了一个"八年级学生"之夜。"我们宣布了他们计划就读的高中，每个八年级学生都给他们敬爱的老师或家人送了一朵玫瑰（表达感激之情！）。如果你是家长、老师或其他八年级学生，我们希望你能感受到自己是更大事业的一部分。同样，家长、家庭和其他学生也都想参加庆祝活动。我们计划并在赛季结束时为所有冬季运动员和他们的家人举办了宴会。我们颁发奖项，鼓励他们带家人参加等。再说一次，我认为人们确实觉得他们是更大事业的一部分。"

所有这些都是体育生们的成长仪式。难道戏剧班和唱诗班里的孩子就不能拥有它们吗？为什么不能给他们T恤穿呢？有机会在学校穿你的篮球制服或你的唱诗班T恤可以确立你的身份。有一件像运动员那样的唱诗班T恤可以帮助建立身份。为什么不给八年级学生一个最后的活动，让他们表达自己的感激之情呢？

体育活动关于观众设计的经验可以被应用到其他活动中，反过来说，体育活动也可以从其他活动中汲取一些做法。正如我们在第2章中提到的，课外活动可以被分成两种类型：一类是需要一定专业技能积累的，另一类是只要有兴趣就可以参与的。对这两种活动学校都应该予以重视和进行建设。对于十年级的学生来说，如果他们之前没有花很多时间在掌握某项运动上，那可能加入篮球队就不是一个好的选择，但或许辩论社、西班牙语社、学校戏剧社就可以是不错的选择。所有学生都应该有他们可以加入的兴趣社团，无论他们是否从小就开始练习了某个活动。这两种活动都应当蓬勃发展——需要长期坚持的项目和你想要试一试的项目。

但弗里德曼和他的同事们想到的一个挑战是体育运动中"不由你决定是否能加入"的问题。在体育运动中，选择性既是好事，也是坏事。他们能在两者之间找到平衡吗？"新年伊始，我们举办了为期两个月的'开放式健身房'选拔赛。结果，有一大群学生最终没有入选团队，但他们仍感觉自己是团队的一部分。他们与他人建立了联系，他们可以在校队打球。"其中一些学生更年轻，一两年后就会加入球队，所以这有点像在"为未来播种"。但有些孩子只玩了一个月——他们的赛季是一个月，而不是三个月，但这仍然是一个赛季。他们感受到了在团队中的感觉，建立了联系和友谊。

纳什维尔古典学校的解决方案可能并不适合你的学校。但这个过程是本章的核心主题之一：我们对学校的这一部分有什么看法？这迫使我们问什么问题？有什么解决方案吗？

我们想暂停一下，一起看一个弗雷德曼和他的团队让我们思考的一个问题：体育是迄今为止最受欢迎的课外活动，但那些大多数学校里非常渴望参与一项运动（但却无法进入球队）的孩子们怎么办？那些被边缘化的孩子们怎么办？我们要从更大的社会归属感、幸福和心理健康的角度来看那些被球队裁掉的孩子，他们只想参加一项不仅能给他们带来快乐，还能给他们带来健康和幸福的活动，但他们现在不得不放弃。他们现在只能坐在家里玩手机，而不是去他们想去的地方进行训练。

"天哪，我还记得那一天，"一位十年级时被踢出足球队的学生的家长说道，"一直以来，他的生活都是每周训练三到四天，在电视上看这项运动。他会穿着他喜欢的球员的球衣去上学。这不是他唯一的东西，却是他身份的重要组成部分。然后突然有一天它就这样结束了。教练会说'你们真的就差一点点'，但这并没有改变任何事情。他不愿意再穿运动衫去上学。大家都加入了校队，没有他可以加入的青年联盟了。突然之间，他不再是一名足球运动员了。"

如果有另一支队伍——一支发展队伍，每周训练一两次呢？如果校队的教练可以来这里上一堂20分钟的训练课，或者观看一场他们的训练赛然后告诉他们"做得很好，明年要再来校队选拔试一试"呢？如果有几个不用裁员的体育社团呢？（我们知道有一所学校的跨国联合队是不裁球员的。）

在K-12和大学阶段，这样的球队和新生球队都在逐渐消失。即使有这样的球队，经常是年龄小的、更敏捷的球员在打比赛，那个十一年级的、几年如一日地坚持每天勤奋练习并且配合队友的学生，也可能会仅仅因为在校队比赛中是替补球员而变得毫无存在感。这传递出的信息是：如果你作为球队一员只有忠诚和勤奋，那这里真的没有你的位置。

在学校体育比赛中获胜并非无关紧要。我们理解这一点。追求胜利是让游戏体验变得有价值的重要因素。正是它使我们不得不合作，并将我们自己的个人欲望（我想自己得分）融入奋斗的目标（但更好的做法是传球）。这是非常重要的学习体验。那些你在为了在意的目标努力拼搏的过程中学到的经验都是深刻的，这就是为什么青少年喜欢运动。我们不是在争论"胜利不重要，关键在于参与"。我们说的是，这并不总是非此即彼。

弗里德曼和他的伙伴们将选拔的时间延长了一倍，这样那些没能成功的孩子就能在更长的时间里成为球队的一部分。然后他们尝试为他们打造"事件相关"的角色。"我们设立了一些岗位，让他们帮忙销售优惠票、检票、维护秩序等。他们变成了各种各样的后援会和支持者。最后，我们在健身房里为他们留了一块地方。"这并不一定是每个人的解决方案。但考虑到我们所知道的团队在幸福感和归属感方面的巨大好处，也许我们应当更加有计划地考虑一下最后被裁掉的那些孩子。对于想要成为团体一员并愿意干活的青少年，总会有位置可以留给他们。

对于纳什维尔古典学校来说，他们并没有赢得太多比赛。公平地说，这是一所很小的学校，这是他们招收八年级学生的第一年，但弗里德曼指出，当他们最近举行选拔赛时，"有两倍多的学生参加。所以，我认为我们在关键时刻赢了"。

打造有归属感的学校

在纳什维尔古典学校重新设计课外活动的案例中，他们既考虑了结果，也考虑了过程。学校认为，从归属感和联结的角度重新进行项目规划，这样做的一个重要意义是确保了构成团队的人来自不同年级、不同部门。学校主动发起了这个议题，通常不会有学校专门组建一支跨部门的行政小组，并以一种新的视角和更广的维度去思考这样的议题。并不是所有提出的建议都会被采纳，但是他们被要求做的是一种可以被叫作"战略性设计"的工作。他们预先严谨地、有意地规划出一个前景，然后他们在接下来的一整年中定期会面，来推进这些工作，并放大它们的重要性。

要想让联系和归属感——以及更广泛的文化——成为学校生活的焦点，这意味着要系统地开展战略性设计，围绕一些通常未能得到深入分析的话题。实现它需要持续的反思和专注，也需要领导做出不同类型的决策。

从一个清晰的模型开始

查理和他的同伴们从讨论对课外活动的正确看法、其重要性以及为什么学校应该首先推进这件事情开始。西蒙·斯涅克（Simon Sinek）在《从"为什么"开始》（Start with Why）一书中写道："当一群人为了一个共同的事业走到一起时，他们首先应该考虑的不是他们做什么，也不是怎么做，而是为什么做。""我们会被善于传达自己信念的领导者和组织所吸引。他们有能力让我们有归属感，让我们感到特别、安全、不孤单，因而也能够激励到我们。"事实证明，明确目标也是在员工之间建立归属感的有效工具。

纳什维尔古典学校的研究小组将组织课外活动的原因归结为三个核心原则。他们细化、讨论并达成一致。然后，他们据此规划了一些事情：如果我们真的相信这些事情，课外活动应该是什么样的？

以前大部分教学以外的活动都没有得到这种程度的分析。在教学领域，学校自然会组建一支行政队伍，定期开会规划对学生的评估方式、打分系统以及要选择的课程，他们也会开会研究数据，分析五年级的哪些孩子还不会做分数乘法，以及哪些孩子的每分钟阅读单词量还没有跟上。他们会讨论如何对数据体现的问题进行应对，包括个人的（对莎拉的辅导）和系统的（一个辅导体系，或者在课堂上加入更多朗读活动）。他们还会对工作结果进行反思，比如为什么这个辅导体系有作用？为什么这种做法有效果而那种做法没有效果？

但是通常我们对学校文化建设方面的分析远不如此，我们仅靠缘分和良好的意愿来进行这方面的规划和建设。我们不会定期开会讨论这项工作进展如何或做一些小调整。也许我们选择了一个想要培养的美德，也告诉了老师要尽可能多地强调它。但也许当我们告诉老师要谈论美德相关的事情后，老师们提出了反对意见，于是我们就放任他们按照自己的意愿去计划（或不计划）这项工作。我们希望在公共场合执行的流程和规则——我们如何进入教学楼，晨会时我们如何在礼堂就坐——也都采取随缘的方式。

我们是否需要提及一下，德纳留斯之所以能在他的数学课堂上建立起现在的文化，也是始于他对一系列关于课堂愿景的微小的、细节问题的思考？比如说，我的基本观点是在我课堂上的每一个青少年都有能力做到卓越，我相信关心不仅仅指日复一日地推动我的学生们做到他们的最好，也包括推动他们共同建设一个互惠的文化，使他们可以帮助彼此变得更好——如果我真的这样认为，那么我的课堂应该是什么样的？学生们该如何排座？他们彼此交谈时应该是怎样的？当其他人在发言时他们应该怎样做？当我问了一个问题而他们不确信答案时他们应该要怎样做？

我们是否要提及一下，他对这些问题的回答和他之后所建立的所有系统也是他常年持续不断的反思和改进的结果？

杉农·本森学校的"到校"仪式的确立也是从"为什么"开始的。我们希望学生们能感受到自己被看到、被了解、被欢迎，我们想委婉地提醒他们，他们正在进入一所对他们期望比世界上其他地方会高一些的学校。

然后，他们计划了具体的内容：学生们到校后要在门口向大人打招呼。他们会握手或击掌（通常由教职工决定），并进行短暂的眼神交流。现场总会有两名教职工，这样如果其中一位有急事要处理（比如学生需要某个东西，或者需要和车里的父母问候一下），这个仪式也不会被破坏。有些细节是他们从一开始就计划好的，还有一些问题是他们在不断召开定期会议讨论学校文化的过程中逐渐发现的："到校"仪式进行得如何？哪些方面做得不错？哪些地方还有改进的空间？出现了哪些机会？

斯黛西·谢尔斯·哈维学校的早餐活动效果也很好，因为他们明确了实施步骤，由谁负责写问题（轮流安排），谁负责审查问题，以及讨论的开展形式。同样地，这也是一个持续的有反馈的循环。老师们最初写的一些问题并不理想，所以学校意识到他们需要增加一个问题审查的行政环节来保证问题质量。管理员审查问题以确保安全。尽管老师们接受过使用"讨论的习惯"的训练（他们在课堂上使用），但对于新环境，当老师们不断反思以下问题时，他们还是会发现一些新的注意点和调整点：早餐活动进行得如何？哪些方面做得不错？哪些地方还有改进的空间？出现了哪些机会？

这里的主题是：

1. 建设一种文化需要一幅蓝图，清晰地描述我们希望它是什么样子的，以及为什么要这样做。建设企业文化不能仅仅是确保不发生某些适得其反的事情，而是需要对应该发生的事情有一个详细的设想。

2. 即使已经做好计划并开始实施项目，仍然需要定期的讨论和反思来构建一个反馈循环。

3. 要做到这一点，你需要一个稳定的团队，定期见面，一遍又一遍地问，我们的进展如何？

查理的课外活动研究小组会定期聚会。他们计划想要做出的改变，然后项目开始实施后，他们会就调整提出建议——今年做一个小调整，明年做出大改变。在《改变，好容易》（*Switch：How to Change Things When Change Is Hard*）一书中，奇普·希思和丹·希思（Chip and Dan Heath）描述了一个常见的逻辑谬误：我们假设解决方案的规模必须与问题的规模相匹配。但事实并非如此。我可以用小方法解决大问题。事实上，这种情况在学校里经常发生。在复杂的环境中，一个小的更改可以引发一系列后续的改变。

珍·布里明和她的同事在英国普利茅斯的海军学院发现了这一点。他们的课堂文化和学校整体感觉太安静，活力少。老师们不确定学生们对学习是否有热情。但在引入两个小工具——"转身讨论"和"提问与回答"后，突然之间一切都变了。学生们参与其中，充满热情，课堂变得生动起来。

"大问题很少能通过相应的大方案来解决，"希思夫妇写道，"相反，它们通常是通过一系列小的解决方案来解决的，有时需要几周，有时需要几十年。"

从我们的角度来看，这就是诀窍。制订计划，然后开会审查、讨论和评估。每周不断寻求小的改进。这听起来可能很简单，但这意味着组织的结构需要有所不同。

保持关注与追踪

在斯黛西·谢尔斯·哈维领导振兴学校之前，她是纽约州罗彻斯特市罗彻斯特预备学校的校长，她非常重视的一件事就是文化。她非常注重确保她的学生取得优异的学业成绩，但她也想要一种充满活力的文化，培养学生的归属感。所以她有两个研究小组，每周见一次面。一个专注于教学。它由每个学科的负责人组成，他们每周开会讨论课程、教学和评估。他们查看数据，讨论对一些学生的辅导或额外支持。这是一个团队，他们分担工作，互相负责。

但她对另一个文化团队也做了同样的事情，这个团队包括不同的工作人员：学校四个年级（从五年级到八年级）的年级领导以及学生处主任。他们也每周开会，讨论建立文化的所有事情：从文化的角度来看，教室或餐厅的总体感觉，哪些学生可能会有问题或者会情绪崩溃，走廊的视觉文化应该是什么样子，尤其是他们在那一周的全校"会议"上要讨论什么。这需要计划，因为哈维的标准很高！必须有醒目、吸引人的幻灯片，如果要播放音乐，要提前设置好。讲演必须排练。这些事情需要合作式的领导力、持续的团队合作、专注和坚持。

一个"文化团队"由专门负责学校不同方面的人组成，他们经常开会讨论归属感、联系和社区等问题，这是一个理想的环境，他们可以在这一周讨论入学仪式，下一周讨论早餐，再下一周讨论走廊布置——所有我们在第4章中描述的机制，以及你自己设计的其他机制。

做好准备应对行为问题

无论我们的文化设计得多好，无论群体规范有多强，个别学生的行为还是会出现问题。会有学生做出消极的行为或破坏规则，尤其是在青少年时期，因为青少年特别喜欢试探极限，不考虑做事后果。

这并不是对任何特定的青少年群体的评判——我们大多数人在年轻时都有违反规则的时候。这并不代表我们对他们缺乏信心、信仰或信任。它表达了对他们（和我们）生活的世界的一种理解，在这个世界上，一方面有些人善良、体贴、乐于助人，而有一些人则粗心、轻率，甚至残忍，而我们所建立的制度试图帮助更多的人做前者，更少的人做后者。在地球上的每一个社会里，都有规范来明确希望人们做什么，也有法律规定了如果不这样做会有何种后果，这不是随意形成的惯例，而是人性经验自然积累产生的结果。

在学校里，我们的工作是创造一种公平的环境，使对于尽可能多的人来说规则是公平的，由此带来的好处也是显著的。我们的工作是创造一种氛围，一种积极的和建设性行为规范已深入人心的氛围，因而人们会更乐于做出好的行动，而避免不好的行动。尽管如此，我们必须为问题行为做好准备——当规范或规则被打破并因此对规则破坏者和社区中的其他人都产生不利后果时。当这种情况发生时，我们必须准备好教给青少年一些替代轻率、残忍或自私行为的方法，准备好帮助他们看到自己最好的一面，并让他们明白，接近那个自己会有多大的收获。

如果我们知道这是必需的，我们就应该做好准备，但我们强烈地感觉到，事实往往并非如此。制订一个有效应对问题行为（破坏学习环境和侵蚀文化的反叛行为）的计划是建立一个让学生感到安全、支持和联系的环境的关键方面。如果你在走廊和洗手间里都感到焦虑，总能感到一些同龄人在嘲笑你的挣扎或嘲笑你的抱负，那在这样的地方很难产生强烈的归属感。

所以说，学校应该针对学生的行为问题制订一个清晰的计划——包括可以做得更好的学生和那些已经造成消极后果的学生：由谁来负责处理这些问题？他们应该采用何种应对方式？

我们认为，就像任何复杂和具有挑战性的工作一样，它既需要一个领头人，也需要一个团队——一个领导的人来管理它，一群人定期开会评估过程，询问进展如何，讨论什么做得好，什么可以做得更好，以及机会在哪里。

我们把领导解决学校破坏性行为的工作的角色称为"学生处主任"，也有其他的叫法。在英国，它通常被称为辅导员。在美国的许多学校里这类岗位甚至没有一个称谓。这也反映出，当学生严重破坏学习环境或违反规则进而威胁到其他同学的安全和学习时，学校缺乏清晰的应对策略。有时学生被送到校长助理或校长本人那里，有时被送到另一位老师那里，有时被送到社工那里，有时学生根本不被送往任何地方。

我们认为"有时"这个词不太合适。如果没有一个"一贯"的过程，事情就会分崩离析。最具挑战性的孩子们——那些已经对学校的制度感到不满的孩子们——很快就会利用这种不确定性。我们不会知道今天早上的事情处理完之后发生了什么。我们不知道今天上午在J太太班上发生的事，昨天在P先生班上也发生了。我们没能够将资源固定下来，因此我们无法确保当学生表现出不良行为时，负责此事的人可以利用资源完成我们的核心工作：教育。

主任的角色通常是学校里最难的角色（我们都做过，所以我们说的是经验！），一个普遍的问题是，即使有这样一位员工，通常他们只是被告知要"处理"学生的行为问题，但他们几乎没有接受过正规的培训和支持。所以就导致过度依赖施加惩处后果。但不要误解我们，对恶劣行为施加惩处后果通常是学习过程的一个环节，尤其是当把其与教育和行为改变结合在一起时。与进行教育相比，这种方式用起来更简单，也更容易实施，而且其吸引力在于，它们可以立即证明一所学校是"有所作为"的。

有所作为是很重要的。比如进行严肃批评和采取限制措施是有用的。施加后果可以帮助学生学到教训、改变行为。但我们都知道，它们不会自动起作用，有时还会使行为变得更糟。我们知道，"有所作为"可以是一个短期的解决方案，并不能引导学生学会如何改变。而且，对于那些最需要改变的学生来说，这种方法最不可能产生学习效果。

施加后果是一种学校需要智慧地设计和使用的重要工具——这也需要技术性的、繁复的投入——但是它终究不是教育。而教育，才是学校最本质的任务。那么问题来了，如果不用（或者除了）施加后果的方式，还有什么工具可以改变对学生行为问题的应对，使教师把注意力放在教育教学上？

在我们讨论这个问题之前，让我们先停下来回答一个问题：这真的有那么重要吗？没有计划和设计应对行为问题的系统真的是学校的一个主要问题吗？我们的停课还不够多吗？不正是因为这样所以怀疑论者才用很能吸引人眼球的"监狱"来形容学校吗？

行为问题真的是个问题吗?

福特汉姆研究所(Fordham Institute)从2019年(即疫情之前)开始的一项调查记录了全国范围内行为问题的程度。作者大卫·格里菲斯(David Griffith)和亚当·泰纳(Adam Tyner)调查了1200多名来自公立学校各个阶层的教师,并向他们询问了他们所经历的学校行为环境。至关重要的是,格里菲斯和泰纳根据学校和教师的特点对数据进行了分析。

他们发现,三分之二的教师所在的学校纪律政策"执行不一致",超过四分之三(77%)的教师认为,"大多数学生因为少数顽固的麻烦制造者而受苦"。

当然,学校问题和其他问题一样,在社会中并不是平均分布的,作者根据学校的贫困率对他们的结果进行了分类。在"高度贫困"学校——那些有超过75%的学生有资格享受免费或减价午餐的学校——超过一半的受访教师报告说,他们每天或每周都要处理来自学生语言上的不尊重行为。超过一半的人报告说,肢体冲突发生的频率超过一个月一次。高度贫困学校里58%的教师表示,"学生的行为问题导致了一个无序或不安全的环境,使许多学生难以学习"。当你考虑到有效的学校可能是社会中确保机会平等和社会流动性的唯一最重要的工具时,这些数据就相当于对贫困家庭征收了一项巨额的递减税[①]。

---

① 递减税:一种对富人影响更小、对穷人影响更大的税。

再重复一下，这些数据是在疫情之前收集的，疫情之后学生行为问题显著加剧的报告更是层出不穷。

另外，作者还按教师的种族对结果进行了分类，并发现了一些差异。例如，在学生行为是否"导致了一个无序或不安全的环境，使许多学生难以学习"的问题上，非洲裔教师的回答与白人教师的回答大致相同：非洲裔教师60%，白人教师57%。换句话说，这个问题并不太可能是因为白人教师看到了非白人孩子的无害的高涨情绪，无中生有地解读出了危险和反叛的信号。

问题是，那些去贫困学校上学的学生几乎都要在以下这样的教室里度过他们大部分的学生生活：在那里，混乱是常态，行为问题使他们难以学习，焦虑和压力使热爱学校的想法和与学校的深刻联系成为遥远的梦想。

身处这个问题中的成年人可以清晰地并且持续地看到这个问题。正如前一年一位老师在谈到她的学校时说的那样："学生们明白，他们的行为不会带来任何后果。课堂经常会被……行为问题打断，许多学生表达了对安全问题的担忧，但是没有什么用。"

非洲裔大学联合基金会（United Negro College Fund）最近的一项研究表明，学生在学校的大部分时间里感到不安全。该研究报告称，只有不到一半的非洲裔美国学生（43%）在学校感到安全（这些数据没有进一步的分类，所以无法看到这对低收入家庭的非洲裔学生产生的不同影响）。想想这一发现的意义：感觉不安全是常态，这就是普通的非洲裔学生在学校的感觉。这项调查也是在疫情之前进行的。

毫无疑问，这会给这些学校带来其他的副作用。在福特汉姆研究所的调查中，有将近七分之一的教师报告曾被学生冲撞冒犯。教师们会离开那些纪律散漫、秩序混乱的学校，而这些最需要好老师的学校却总是最没有机会得到好老师，教师流动率也很高。但他们不仅仅是离开了一所他们无法完成工作或感到不安全的学校，他们离开了这个行业。教育研究组织TNTP最近的一份报告发现，高度贫困的学校中有一半的新教师在三年后离开了这一行业。我们有时会讨论招募足够教师的问题，但更大的问题是留住他们，以及如何将有专业知识的人分配到最需要他们的地方去。但是在恶劣的工作条件下形成的教师流动性模式进一步加重了糟糕的学校氛围带来的恶劣影响。相当于对生活贫困的人的生活和机会又征收了一种递减税。

上述发现与《卡潘》杂志（*Phi Delta Kappan*）最近对公立学校家长和教师进行的一项全美调查相呼应。在调查中，60%的教师认为学校的纪律不够严格，51%的家长持同样观点，4%的家长认为学校的纪律太严格了。也就是说，研究结果也很复杂。例如，尽管大多数家长和老师都希望学校在处理纪律问题方面能够做更多事，但是他们其实并不相信学校的处理方式。这表明，学校通常没有建立那种精心设计的完整系统来解决问题。

数据的结果使我们很难代表教师或家长的立场发言，因为即使是在一所学校里，不同的教师或家长也有着非常不同的观点，涉及的方面也广泛而复杂——但一个一致的信号表明，学校未能营造支持学习和归属感所需的氛围。这对最依赖它们的学生产生了截然不同的影响。

到目前为止，这一部分的论点是，文化建设需要有意识的计划和管理，就像查理·弗里德曼和他的同事们在课外活动项目研究中所做的那样，但在为处理行为问题做好准备计划方面学校还差得很远。大多数学校缺乏一个清晰的基于一套核心观念的应对方式和对原因的理解，也缺乏对细节的计划和持续的追踪，这很大程度上使得现在的学校环境缺乏让大多数学生实现高水平学习和发展社会情感能力的必要条件。

设计课程

关于主任的角色和应对行为问题的方式，我们认为学校的主要方式应是教育。这并不代表着放弃惩处的方式，而是作为一种补充和提升手段，使帮助学生改变行为的工作更有效率。这就好比，你可以写上一篇全面、深入、深刻的反思感想，列出正面使用社交媒体的多种方式和分析案例，然后用得出的见解对你的行为进行反思，这就可以作为负面的上网行为产生不良后果的一个补充。如果运用得当，在某些情况下它也会成为后果本身。

这给我们指出了一个关键的观察结果。如果我们期望学生处主任用教育的方式处理学生的行为问题，他们首先需要的是一套课程，一套精心设计和计划的课程，以构建和丰富他们要教的内容。开设这样的课程不仅能提高学习质量，还能节省人力。这意味着不需要每次有事发生时再现编一个"课程"出来，每次都针对一个新的场景（可能同时还要应付一个情绪激动的青少年）。如果教师面临着这两种选择：一是在工作正忙的时候毫无准备地靠经验教育学生，二是直接实施一个惩处后果，不需要费太多脑力，但可能也不会产生什么学习效果，那理智的人通常会选择后者。但哪怕后者是当下正确的选择，当它与前者结合起来后效果会更加好。

在谈到"学生处主任"（或任何你给它的名字）这个角色时，我们描述的是一种"可预测的不可预测的"工作。一位主任知道，大楼里的一些青少年会在社交媒体上做出糟糕的决定，或者会对同事或教师做出粗鲁和侮辱的行为，或者会抄袭别人的作品。他们知道这些事情会发生，因为当一大群青少年开始学习如何在世界上立足，开始在不同的环境中尝试各种策略来寻找真实的自己时，这些事情必然会发生。这部分是完全可以预料到的。学生处主任不知道的是哪些学生、何时、何地可能会有这些问题，这些是不可预测的。

但是，如果主任们试图解决的大部分行为都是可预测的，那么机会就蕴藏在提前的准备中。

可以从简单的事情开始。比如给另一位学生写一封道歉信——可能他刚刚在一场篮球淘汰赛中因为一些摩擦故意把篮球扔到了对方球员身上。如果你让一个这样的典型学生写一封信，你觉得会看到什么呢？

答案是你会得到五花八门的信。一些青少年会用直接而可靠的语言写真诚的信。你会注意到那些以"我"开头的句子来描述他们所做的事情。（"我很抱歉把篮球扔到你身上"或者"我今天朝你扔了篮球，我想为此道歉"。）

他们会表现出他们意识到自己的行为会给对方带来怎样的感受。（"我知道这肯定很伤人，而且可能也很尴尬，因为每个人都在看着。"）有些人可能会肯定他们对对方的欣赏和尊重。（"我想让你知道，我把你当作我的朋友。"）有些人可能会表达一种弥补的愿望。（"也许我们可以在明天课间休息时再来一场淘汰赛。"）

我们四个人都读过这样的信，通过这样的信这个学生展示出了为自己行为负责并与同伴重建信任的能力，这赢得了我们的尊重，所以虽然这名学生犯了错误，但是当他离开办公室时，我们反而因为他表现出的品格和成熟度提高了对他的评价。

然而，比我们的尊重更重要的是，这样的青少年更有可能成功建立有意义的连接，因为他们能够表现出正直、同情和同理心的品格。因此，我们希望每个青少年都有真诚道歉的技巧。

但他们当然不会。

除了理想的道歉信，在你的代表性样本中，你会收到来自青少年的含混不清的信件，只是"道歉"，没有为某事道歉。（"杰森，我为在操场上发生的事感到抱歉。——大卫"）

你会收到一些不负责任的信件（"我很抱歉你被篮球击中了"）。你会收到隐晦地（或不那么隐晦地）指责收件人的信件。（"有时候你表现得好像你觉得自己比我强，但这不是你扔篮球的借口。"）你会收到某些信，表明寄信人不太可能在未来与收信人重建关系。（"下次我会更努力地忽略你。"）

假设你要去处理这个扔别人篮球的学生的问题，也许这个学生以前的一个朋友也刚好因为闯祸被送来了你这里——如果你的目标是教授道歉的艺术，以及随之而来的反思和情绪自我调节，那么你面前有很多工作要做。

可能你会花很多时间跟他们讨论一个好的道歉应该是什么样的以及为什么它很重要，可能你们会花掉很多时间起草和修改道歉信，又或许你会在一些敷衍的道歉信上签字，它们什么作用也没有，只是代表着犯错之后很容易就可以逃避弥补过错。

当你在教两个可能要爆发情绪的青少年如何写道歉信时，可能你手上还有别的工作。也许你的办公室里还有其他学生。可能有一个学生正在哭；可能你要去看一下另一位学生以确保她今天没有闯什么祸；可能一个家长正好到了你的办公室想要要回你昨天没收的手机（顺便说一句，干得漂亮！详见第2章）。

有一个课程的意思是你有一个随时拿起来就可用的教育计划，或者一系列的教育计划，比如关于道歉的。你会走到文件柜前把它拿出来。这将是严格和具有挑战性的，但也很有趣。也许它会从对道歉的一般性反思开始，像这样：

> 我们都会犯错误，但你对错误的反应会对别人对你的看法以及你们在一起的状态产生巨大影响。在这种情况下，简单地说声"对不起"通常是很有帮助的第一步。

> 当你道歉时，你是在告诉别人你对你造成的伤害感到抱歉，即使你不是故意的。你表现出你是成熟的，因为你可以理解他们的立场。道歉也会让你感觉更好，因为很明显你在努力纠正错误。这也是成熟的标志。

> 当你说"对不起"时，它能帮助人们把注意力从谁该受责备转移到别处。现在你们可以一起努力，让事情变得更好。它可以帮助你保持甚至加强你与他人的融洽关系。

> 停下来，记一下：当你做错事的时候，道歉有什么好处？

_____

_____

_____

_____

然后你可以让学生看一些例子，例如：

有效的道歉应该是诚实的、直接的，并且承认你做了一些对他人造成负面影响的事情。

它不应该把责任推给别人，也不应该试图为你的行为提供借口。

"我很抱歉对你说了那些话。"

"对不起，我把你的书弄丢了。"

"我不应该骂你。我很抱歉。"

"对不起，我伤害了你的感情。"

"对不起，我对你大喊大叫。"

"我很抱歉我生气的时候打了你。这是错误的。我不会再这样做了。"

现在停下来记一下：为什么这些道歉是有效的？他们有什么共同之处？

_____

_____

_____

_____

然后，也许你可以要求他们以书面形式反思他们在自己的生活中经历过的道歉，就像这样：

用完整的句子回答以下问题。

1. 描述一次别人向你道歉的经历。你对此有什么感觉？为什么？

2. 你上一次向别人道歉是什么时候？你为什么要道歉，事后有什么感觉？

3. 你觉得什么时候向别人道歉最难？利用你从第一次反思中学到的东西，你会说什么来鼓励自己道歉呢？

然后，他们可能会被要求将不断增长的道歉知识应用到未来可能面临的情况中，例如：

解释在这些情况下你可能会做什么和说什么来道歉：

● 你在走廊上走路时没看路，不小心撞上了一位同学，他手里的东西撒了一地。你小声嘟囔了一句"哦，对不起"，但你没有停下来帮忙。那天下午你在课堂上看到了他。

● 你向妈妈保证会准时回家，但是你没有准时到家，你因为和朋友聊天而错过了第一趟班车。她给你做了晚饭，但现在饭已经凉了，此刻她正一个人坐在沙发上看电视。

● 你因为某事很生气，上课时还在生闷气。你完全没有听讲，一直盯着窗外看。然后你趴在桌子上说"太无聊了"，你是对一个朋友说的，但是你知道老师也听到了。就在下课前，你在走廊上看到她站在教室外面和另一个老师说话。

然后你的学生可能会写道歉信。也许你可以给他们一份注意事项清单，作为有用的提醒。如果他们还是不知道如何下笔，你可以给他们一封范例信，让他们可以读一读，做做笔记。

所有好的课堂都应该以一个评估来结束，同样地，你也想看一下学生现在有了什么新认识，甚至看一看当他们再次面对同样的麻烦时会有什么不同的应对方式。

你可以根据实际情况使用部分或全部工具。也许那个扔了篮球的学生马上就明白了，他很真诚，准备好了写作，不需要再做进一步的分析了。但也许那个学生只是做做样子，心里并不认为自己该道歉。在这种情况下，你可以调整让学生做的活动的顺序。或者，某次事件的两个参与人都被送到了你的办公室，两个人都欠对方一个道歉，但他们的心态不同，反省程度也不同。在这种情况下，最好是给两个青少年不同的任务去做。

理想情况下，他们会努力完成任务——如果他们已经很努力了，那就不需要再实施进一步的惩处后果了。你只需复印一份道歉信寄给他们的父母，这样他们就能了解情况，了解他们的孩子在自我反省方面所做的工作。也许你可以让孩子把信带回家让父母签名后再带回来，然后把他的信纸归档。可能你之后就再也没在办公室里见过其中一个学生，但另一个学生两周后就因为一件类似的事又被送到了你这里。然后，你拿出学生第一次写的东西，让他思考这两次的关联，以及他为什么会再次出现在你的办公室。

也就是说，真正的行为教学需要内容和准备。如果我们打算认真处理学生的行为问题，那我们就要补上这个差距。在任何环境下，如果没有有意义的教学，并以有用的方式进行组织，教学就不会发生。这意味着一个课程，也意味着计划和资源：也许是新增一个团队，也许是设置夏季几周的带薪时间来备课，也许是在工作人员中增加一个团队成员，专门负责处理行为问题事件并整理、归档相关文件以便日后再次使用或进行整合。

看上去似乎有很多事要做，但随着青少年越来越有可能在具有挑战性的社交环境中挣扎，提前做好工作，让我们能够应对不当行为，这比以往任何时候都更重要。

课程实践

在2018年我们的团队意识到需要一个学生处主任可以使用的课程，于是我们开发了一个测试版本的课程系列，包含了针对中学生的约70个课程，覆盖了一系列广泛的学生闯祸的情况。我们已经进行了几年的试验，并认为结果是比较令人满意的。

例如，这是一个学生在我们上面描述的道歉练习中的反应：

停下来想一想：为什么这些道歉有效？他们有什么共同之处？

这些人握手言和是为了避免对彼此继续心怀恨意。他们都避免了进一步的伤害行为。

下面是一份典型的学生作业，这是一位年轻的女士对自己在社交媒体上的不当行为做出的反思。（课程通常以一系列的反思结束，主要问题包括：现在回想一下，你在这种情况下可以有哪些不同的做法？下次再碰到这种情况你打算采取什么不同的做法？）

霸凌、社交媒体和社区

说明：假设你的社区邀请你就"负责任地使用社交媒体"发表一篇5分钟的演讲，写出你的3个核心论点，起草一份演讲稿，每个论点必须使用至少2个论据来支撑结论。

论点1	论点2	论点3
你可以通过谨慎选择你发布的内容来做到负责任地使用社交媒体	注意你在网上对别人说的话	不要用你的页面传播负面信息

你的演讲：

> 负责任地使用社交媒体是非常重要的，我们有很多方法可以使用社交媒体，比如，注意你发布的内容，注意你在网上对其他人说的话，不要用你的页面传播消极情绪。注意你发布的内容是在社交媒体上表现出责任感，因为你对你发布的内容负责，时刻注意你在网上对其他人说的话才是负责任的，它的反面例子是说一些恶毒的话，这是不负责任的。

当我们试用我们的课程时，我们发现实际上它可以以三种方式使用。首先，正如第4章所述，它可以用来在咨询环境或教室里用于预先教授价值观和美德。

例如，这是我们关于感恩的课程的一段摘录。在主动教授美德时它是有用的，同样，在处理学生行为问题的具体情况时，它也是有效的。

应用条款

1. 写出一个曾为你做了某事，而你因此非常感激他的同学的名字。并解释为什么。
   _____
   _____

2. 是否有可能因为某事同时感受到被赋予权利和感激？为什么？
   _____
   _____

3. 一个人能对自己所做的事心生感激吗？为什么？
   _____
   _____

其次，它可以用于我们所说的治疗环境——比如针对欠缺如控制愤怒、应对同伴压力等社交技能的学生的小组疗愈。像积极主动的教学一样，它的目的是帮助学生培养技能，避免可能会发生的问题。不同之处在于它

是针对更有可能陷入麻烦的个别和特定学生群体的。

最后，我们发现它也可以用于我们这里讨论的问题，即处理行为问题。使用者们提到，学生写下的这些书面作业也可以分享给那些被其行为问题扰乱了课堂的老师。很多时候，学校面临的一个挑战是要向老师表明他们"有所作为"或者他们"采取了一些措施"。可能一个学生已经在认真反思他的行为了，但是老师可能还不知道。他们的感觉可能是："她一小时后就轻松地回到教室，好像什么都没发生过。"这可能会使情况进一步恶化。现在，主任（或者学生本人）可以给相关的教师展示学生做的功课，这样老师就可以理解并感激这种处理。

学校也对课程的主题之一表示了肯定，即对可替代性行为的重视。仅仅告诉一个青少年不要做某件事是不够的，有效的干预意味着帮助他们培养使用一种新行为方式的能力，即我们所说的替代性行为。而替代性行为很难在当下即兴想出来，所以这就是设立一个课程的好处。

我们还在所有的课程中设置了"出站验票"（Exit Ticket）的环节，它使得学生处主任可以评估在课程过后学生有了什么不同的认识。将上课与"出站验票"分开，这能使课程发挥出被动应对和主动出击的双重目的。也就是说，在我们针对一群有很大概率会陷入麻烦的学生进行疗愈课程，希望能帮助他们避免犯错时，我们不仅仅要问学生"你如何把学到的内容应用到你今天的问题上"，我们更想要问问自己是否在对这些行为问题做出应对和反应。

名字：_____　　　　日期：_____

出站验票

说明：根据刚才所学的内容回答以下问题。

1. 你从刚刚完成的课程中学到了什么？

_____

_____

2. 这如何帮助你成为你渴望成为的人呢？

_____

_____

3. □ 如果你的主任选中了这个框，请谈谈这节课的内容与你今天碰到的问题的关联之处。

_____

_____

学生签名：_____

家长签名（如有需要）：_____

　　我们提到这些事情并不是为了吹嘘我们自己的工作——这是一项正在进行的工作，需要持续的关注和改进——而是为你在设计课程方面提供一个示例，从而帮助你开发材料、讲义并最终形成一个旨在帮助解决学生行为问题的课程。

培训教师

　　如果我们希望学生处主任在教学过程中应对学生出现的问题，他们需要的第二件事是一个模型，清晰地阐述出在这种环境下的教学应该是什么样的，最好是可以利用我们关于有效教学的知识。

　　例如，我们希望在课堂上有一个高占比（Ratio）。有些读者可能对这个术语不太熟悉，它是指我们想要让学生做大量的认知的活动。"记忆是思想的残留物。"认知心理学家丹尼尔·威林厄姆（Daniel Willingham）说过。多思考就能学到东西。当学生来到主任的办公室，他们也需要进行大量的思考、阅读和写作，就和在任何重视学习的学校里做的事一样。

在学习周期结束时，我们要检查学习者的理解情况——也就是说，确保学习者学到了什么。

我们要建立一个模型，我们使用了平时训练教师时使用的录像设备，然后去记录主任的工作。我们会跟着他们拍摄一整天，记下他们做的事。然后我们会确立有效的教学工作的两套原则，一套用于一对一辅导，一套用于公开辅导。

一对一辅导指的是与学生进行一对一的对话和互动，我们会讨论他们的行为选择和结果，并试图教会他们最有成效的反应或最厉害的技能。

公开辅导是主任的另一个同等重要的职责，他们需要在教学楼里走动巡逻，与学生和教师互动，来强化积极的价值观，树立严格的规范。

一对一辅导的六个步骤

以下是我们在培训研讨会上与主任讨论出的成功教学原则，分为六个步骤。

一对一辅导第一步：评估准备情况。任何对话都是从一个有意义的连接开始的。确保学生能够以相互尊重和富有成效的方式倾听和讨论行为选择。保持冷静，使用缓慢、安静的声音会有所帮助。并且要强调讨论的目的，而不是摆出权威，比如你可以这样说："我想听你说发生了什么，我保证我会认真听"，或者"我想听你说发生了什么，我保证我会认真听，但你也要认真听我说，并且用和我一样平静的声音和我沟通"。如果你不具备这些条件，就不要继续。

一对一辅导第二步：收集信息。确保你从老师、其他成年人和学生那里了解事情的细节。冷静而清晰地回答问题，必要时再问一些后续问题。"我知道你说她在戏弄米凯拉。你能说得更具体一点吗，这样我跟她，或者跟她父母沟通的时候也能说得更具体一些？"最好的方式是让他们把自己认为的事情经过写下来，这样你就有了更细致的参考。这也会让他们放慢速度，并为他们提供一个消解失望情绪的途径。

一对一辅导第三步：教学。努力建立学生的知识。"我们要谈谈你在课堂上的冲动控制。首先，我想确保你知道冲动是什么，以及控制冲动意味着什么。我可能还要跟你提到大脑中一个叫作杏仁核的区域。"

写作是思考和反思的有力工具。如果有任何疑问，让学生通过写的方式描述事件。这将使他们不得不反思，做更深入的思考，并以书面形式清晰地回应。问一些澄清性的问题，并可能要求他们修改所写的内容，这样他们就能把事情记录下来，你以后可以参考。问一些后续的问题，尽量得到非常具体的答案。"你说'她很粗鲁'是什么意思？你说她不尊重你，她到底做了什么？你怎么知道她是那个意思？"

你也可以让他们以写作的方式来做出回应："现在我要从另一个角度来分析这件事。我希望你们把霍普金斯夫人说的话记下来，稍后我会问问你们对此的看法。"

如果你们对所发生的事没有争议，那就让学生专心地思考和写出他们从这件事中学到了什么。如果可能的话，帮助他们确定一种替代行为，以及他们可能如何使用它："大卫，这里的逻辑很简单。如果你能让自己慢下来哪怕是1秒钟，你就大大增加了自己避免冲动行事的概率。也就是说，当你发现自己感觉不舒服的时候，或许只是做一个深呼吸，你的行动就会变得很不一样。"

最后检查学生的理解程度，然后可以考虑让学生进行道歉或者做出一个处罚后果来帮助解决问题。

责任：这是一个很重要的词

在我们曾看到的一个视频中，学生支持专家罗西琳·库里（Rosi-lyn Currie）与信任孟菲斯学院（Believe Memphis Academy）的一名学生进行了一段对话。这段对话是基于我们前面描述的课程中的一课。这名学生是五年级的学生，他自己不参与课堂活动，还总是打扰其他同学。

请注意，会议以两个关键术语的定义开始：责任和过失。接下来，罗西琳要求学生考虑这两个词语在他生活中的意义，包括校内生活和校外生活。他们一起讨论了他对狗的责任，他们共同讲到自己都会偶尔忘记倒垃圾。学生做了很多写作和阅读的功课，罗西琳也是耐心地、娴熟地支持学生的阅读。

同时也要注意她冷静的举止。她的目的是帮助她的学生学习，所以她希望他专注于思考，而不是在激动的情绪上。我们很容易认为，让学生感觉糟糕是行为问题发生后学习过程的一部分，但正如她的工作提醒我们的那样，我们的目的是改变行为。她希望她的学生明白责任的重要性和他在学校的责任，包括努力学习。

说到努力，请注意，这是他正在做的事情。不停地写下自己的想法，阅读材料，学习新词汇并运用它们。虽然我们没能有幸录下这段录音，但课程结束时，这位学生写了一封提醒自己要改变行为的信，并向欢迎他回到课堂的老师道歉。学校注意到他们从完成这类课程的学生身上看到的行为变化。我们希望这是建立一个真正的课程而产生的好处，我们肯定这与勤恳付出的教职工（就像你在这里看到的）是有关系的。

一对一辅导第四步：帮助他们建立自信。提醒学生，虽然你不赞成他们在这种情况下的行为，但你相信他们，而且在人们学习和成长的过程中，犯错误是很常见的。和学生谈论愿望，把行为和目标联系起来。"我知道你说过你想成为一名消防员。我想让你思考一下，为什么如果你能控制住自己的冲动的话，总有一天你会成为一个更好的消防员。"我们实施后果的一个目的是弥补过失，所以成年人不应当心存怨恨。你应该让学生清楚地知道，他在你心中的位置已经恢复如初。

一对一辅导第五步：建立完整的闭环。告知老师、家长和其他工作人员（适当的时候）学生的学习内容。如果事件涉及学生被赶出教室，要允许教师选择接受学生回来，并帮助他们开启对话，以此将权力交还给老师。"大卫已经努力学习了近一个小时，反思他对同龄人的行为，他给惠特尼写了一封道歉信。你准备好让他回来了吗？"（提前和老师进行一次对话，解决遗留问题，这样老师和学生的对话就不会出现意料外的转折。）

一对一辅导第六步：跟进。在放学时询问学生事情进展如何，同时也问问老师。一定要让学生知道你问了老师！让学生的家里人知道你有跟进，让他们知道事情的进展，特别是如果情况有所改善的话！这表明你在意的是学生长远的成功，而不是仅仅对解决某一次单独事件感兴趣。它还可以帮助学生成功，让他们清楚地知道你正在寻找并将跟踪观察长期的行为改变。

确保顺利过渡回课堂

在处理行为问题时，一个经常被忽视的方面是确保有关学生顺利、成功地过渡回课堂。有时，学生会返回课堂，但他们返回课堂时的环境反而使发生新问题的可能性很大！也许老师还在生气，或者没有想到学生会回来；也许学生在课业上遇到了较大的问题；也许同学会嘲笑他，甚至怂恿他做出格的事；也许这名学生会利用这个机会做一些愚蠢的行为来赢取同学的信任。这些都可能会使有效干预的作用减弱。

我们认为，主任能做的最好的事情之一，就是送学生回教室，确保他们在那里得到了有效的安顿。接下来我们一起讨论一下雅米主任的视频，她是纽约布鲁克林威廉斯堡大学特许学校（Williamsburg Collegiate Charter School）的前学生处主任。

请注意，就在他们一起走进教室之前，雅米提醒了她的学生要想成功需要做的事情："走进去，径直坐到你的座位上。超级专业（学校的价值观），开始学习。"雅米努力发出清晰的指令，保持稳定的情绪。

她希望学生不要过度关注她的感受，而是关注能让他成功改变的事情。

门开了，雅米跟着学生走了进去。注意，老师看起来一点也不惊讶。雅米一直都跟老师保持着联系，她在等他们。

她的学生按照提醒做了，他径直回到座位上。注意，此时雅米并没有和他一起走。她给了他一点空间，并试图避免引起太多的注意。她开始环顾教室，与其他学生互动——第3章"支柱"工具的粉丝们会注意到，她一进入教室就给一个学生送去了一点"光芒"和一个大大的微笑。这一点也很重要。她的到来带来了正能量和支持。她不会大摇大摆走进来，愁眉苦脸地四处张望。

学生坐下来，开始学习老师发的材料。他们无缝地完成了从主任到教师的交接，这非常重要，也体现出了优秀的团队配合。雅米提前让同事知道他们将要回到教室，这样她就能提前做准备，这让这个过程变得更容易一些。也能看出，这位老师信任雅米，知道雅米是来支持老师的。一个顺利的过渡对所有人来说是共赢！

然后雅米站在学生旁边，但保持了一些距离。她想要看到他顺利地开始继续学习，并准备在他需要支持的时候提供帮助，但是她也尽量尊重他的个人空间。她环顾教室四周，就好像她是因为别的事到教室里来的。她往前走了几步，想确保他立马开始投入到学习中去了，当看到他确实这样做了后，她给了他一个积极的肯定信号。

事情有了一个好的开端，雅米接着走开去检查其他学生的情况——她开始了公开辅导的工作——对那些积极参与课堂活动的学生表示鼓励，提醒一名学生把衬衫塞进裤子里。这表达出她对刚刚那位过渡回课堂的学生的信任，也给他提供了更多的个人空间——使他感觉她就是来看看上课情况的。当然，如果她是偶然间走进教室的，这种感觉就会更加真实。

这是雅米生活中一个很小的时刻——大约需要两分钟。但是，想象一下，这避免了一个尴尬的课堂回归，对于学生、学生的老师和她自己来说，这一天将会变得多么美好。

正如雅米主任的视频所显示的那样，处理学生行为问题的人不能在办公室里闭门造车，这很重要。主任的工作应该是塑造并代表学校文化，并与学生建立正确的、多重作用的关系。重要的是，不要表现得像小成本电影里的反派，他一走进房间，每个人都知道有坏事要发生。主任们也应该赞美积极的文化。这样一来，他们就能更好地与学生沟通，并在学生犯错时进行教育。我们把这部分工作称为"公开辅导"，它也需要明确目标、仔细计划和不断反思。

以下是一些原则：

可见性：在教室和学校的每个部分巡视，不断地与学生互动，对积极的参与表示赞赏，并建立联系。这也是一个机会，教会学生如何在课堂上表现出积极向上的态度，以免出现问题。

收集数据：经常去教室里看一看，原因之一就是你要收集数据，比如你可以收集这样的信息：哪个教室看起来最优秀、最有活力？那这里就是让那些迷茫的老师们参观的最好的地方。你们可以站在教室后面观察，你也可以引导参观的教师：看看讲课老师的指示是多么清晰明了（没有多余的话）。看到老师在提醒学生应该怎么做时的微笑了吗？这是一个很好的方式来提醒我们的孩子，规则的存在是因为我们关心他们。或许你也会注意到有些老师的课堂不那么顺利，你可以为他们制定一些规范。如果这不是你的长处，那你可以观察一下哪些学生很难集中注意力，哪些学生这堂课很活跃而另一堂课又很消沉，又有哪些学生在你进门的时候会看着你，似乎想与成人建立联系。

体现价值观：无论你走到哪里，你都有机会为学校的价值观说话。这可能意味着发现学生展现出美德的时刻，并给予学生肯定。"谢谢你午饭后帮詹姆斯擦桌子。你总是在帮忙，乔丹。"也可能意味着纠正学生的一些小错误，找到合适的机会教授社交技能。"你现在真的在对约瑟夫大喊大叫。我知道你们是朋友，你没有理由不能用更温和的语气告诉她收拾东西。像这样……"你也可以以身作则，哪怕是很小的事情，比如总是说"请""谢谢"和"早上好"。正如我们在第1章中所学到的，小小的礼貌是关键的归属感信号。事实上，你本人可以成为一个会走路、说话、传递归属感的信号。

建立关系：这对于我们所描述的所有原则都是至关重要的。但为了方便起见，我们列出了一些简单的动作和短语，它们能帮助学生感到被关注、被重视、安全感和连接感：

- **肢体语言**
  - 微笑、用手指点学生、冲着学生眨眼、"发送魔法"。
  - 击掌、碰拳、将温暖的手搭在肩膀上。
- **让学生感到自己是被他人了解的**
  - "你在读什么？"
  - 在学生的课桌或座位上留下便条或笑脸贴纸。
  - 询问他们以前做过或告诉过你的事情。"那个科学项目结果如何？"

- 在社区会议上或者跟某个学生的老师表扬某位学生。"詹金斯女士，你应该看看贾巴里的笔记！"

- 午餐/下课时与学生交谈，尤其是关于学业的话题。

- 喊出学生的名字/昵称，甚至为他们想出新的昵称。

- **强调价值观和美德**

  - "我为你感到骄傲……"

  - "感谢你在……上的辛勤工作。"

  - "在……上做得不错。保持下去。"

  - "令人印象深刻的是……"

  - 认可学生的作业。

  - 主动给学生家里打电话或发短信，并附上照片，这很棒！

闭环：利用课堂建立连接与归属感

贾马尔·麦卡洛（Jamal McCullough）是新泽西州纽瓦克的北极星学院市中心中学（North Star Academy Downtown Middle School）的一名学生处主任，下面是一些他去教室观摩时的照片，通过这些照片可以看到我们反复强调的一个观点：教室是培养连接感和归属感文化的主要场所。因此，学校必须确保自己的教师和资源践行这一真理。

作为学生处主任，贾马尔负责设计、代言和维护学校文化的各个方面。任何担任过这个角色或类似角色的人都知道它有多复杂，从教授可替代性行为到数据收集，从与家长和其他利益相关者沟通，提交报告，到监控全校范围内的过渡。贾马尔通常可以做所有事情，但他尽量优先安排去教室观摩，因为这是学校里培养联系和归属感文化最重要的空间。

在这个特殊的日子里，贾马尔正在观察教室，部分是出于习惯，部分是为了跟进前一天被送到他办公室的一名学生。每一张照片都讲述了一个关于联系和归属感的故事。

在第一张图中，我们看到贾马尔和学生们坐在一起。他专心地听一个学生解释他是如何得出答案的。他在这里扮演着非常重要的角色，假装自己是一个资深的、最有经验的模范学生。

现在老师让学生们进入"转身讨论"的环节，贾马尔迫不及待地抓住机会和上文提到的那个学生做搭档。想想这个学生接收到的信息：主任看到我，他关心我的功课。事实上，想想有多少学生直到被送到主任办公室才有机会与他交流。这个学生可以在一切顺利的时候与主任相处，而不是在他们可能做出了糟糕的选择的时候。这对于建立一个让学生感到联系和归属感的学校社区很重要。

在第二张图中，贾马尔和一群学生坐在一起，老师刚刚问了一个问题。贾马尔的手迅速举起来，模仿如何在课堂上以举手的方式表现出积极的参

麦卡洛主任知道答案。埃拉尼斯知道答案。

与。这时，老师开玩笑地肯定贾马尔说："我看到了麦卡洛主任知道答案。"
这是一个令人愉快的时刻，一个充满归属感和联系线索的时刻，对成年人
和学生都是如此。老师收到支持、联盟和信任的信号。这是一种合作关系，
贾马尔想让她知道他是来支持她的，而不是来检查她能否管理好自己的课
堂的。学生们也能感受到这一点。他们看到的主任和老师之间的伙伴关系
是一面镜子，反映出人们如何在社区内合作，这也传达出他们致力于帮助
学生成功的决心。

有的学生会先审题，这非常好。

在最后一张图中，我们看到贾马尔半蹲下来，和那个前一天被送到他办公室的学生安静地交谈。为了鼓励他，他说："你是一名学生，对于学生来说这里就是奇迹发生的地方，就在这个教室里，对吗？"然后他问："你需要什么吗？"这传递出的信息是：贾马尔昨天的目标不是在主任办公室给他一个惩罚后果或"处理"他，而是为了帮助他学习。这次后续的追踪表明，确保学生成功的课堂参与是他的目的。

在这种简短的交流中，联系和归属感的线索也很重要。学生得到的信息是：这里有很高的期望，但我会支持你实现它们。没有什么比你在这里更重要的了，我会确保你得到应得的教育。

通过观察贾马尔在教室里的工作，我们可以在本书的结语部分说明，设置学生处主任的岗位并不是一个学校的头等大事。有些学校没有，有些学校可能仅有一位这样的老师，而且基本上离不开办公室。如果学校真的想要建立以连接和归属感为基础的有目的的文化，它们就必须调整资源，尤其是关键人才，以实现这一目标。建立连接和归属感意味着认识到学校首先是文化。如果这是真的，那么就需要每一个人——再到由个人构成的团队——拥护这一理念，他们每天醒来时都在思考如何建立和维持它，以确保所有学生都能得到一些真实、有意义和严格的东西，并确保所有学生都能得到他们需要的支持来与这一文化进行连接。

后记

我们如何选择

2022年5月，教育学教授、经济学家、哈佛大学教育政策研究中心主任汤姆·凯恩（Tom Kane）在《大西洋月刊》（*Atlantic*）上撰文，描述了他帮助领导做的一项研究的发现。他和他的同事研究了来自49个州、1万所学校的210万名学生的测试结果，就同样的评估项目将他们在疫情前的年度进展与疫情期间的进展进行了比较。

结果与所有其他研究几乎一致：疫情对学生的学习造成的影响是毁灭性的，而它对已经生活在贫困中的学生的迅速影响是双重伤害。总的来说，学生在低贫困学校损失了13周的学习时间，在高贫困学校损失了22周的学习时间。

凯恩的研究结论与其他研究基本相同，但有一点是不同的，那就是凯恩能够将这些数字置于具体的环境中，解释它们与学校可能采取的干预措施的关系，以试图解决问题。

22（或13）周的学习损失只是一个数字，必须有人要能指出如何从这里继续工作并追上进度。考虑到凯恩的地位，他对这一点的认识不亚于任何人。

凯恩观察到，在整个学年里，给学生上双倍的数学课，所获得的成效相当于大约10周的亲自指导。即使如此，这还不到疫情期间落下的数学课的一半（而且我们注意到，很多情况下学生取得的进步也不牢固）。但这其实还算是好消息，关于双倍阅读课的数据就不那么乐观了。

高剂量辅导是另一种常见的解决方案。一般来说，这是被提出的方案中最激进的方式，但它的缺点是实现起来非常昂贵和复杂。

凯恩指出，一年的高剂量小组辅导是"为数不多的具有明显益处的干预措施之一"，其效果接近于增加22周，相当于提供了大约19周的指导。

也就是说，一个训练有素的导师，每次以1—4人为一组，每周会面3次，持续一整年，只能相当于部分达到22周的学习效果。

但是，凯恩接着说，"课后辅导的明显挑战是如何大规模地为学生提供辅导"。即使是迄今为止最雄心勃勃的计划——田纳西州的计划，也只会为该州目标年级的每12名学生中的1名提供服务。这将需要雇用和培训数千名合格的辅导教师。这是一个令人印象深刻和雄心勃勃的提议，但在这种规模下，它在后勤方面令人生畏。我们要澄清的是，我们并不是反对高剂量的辅导。我们的观点是，这一努力的复杂性，以及即使一切顺利，我们仍可能无法完全弥合差距的事实，使我们必须把规模问题纳入考虑因素。正如凯恩所指出的那样，"很少有补救干预被证明能产生相当于22周额外的面对面指导的效果"。他总结道："考虑到损失的规模和广度，教育工作者不应该将课后辅导视为解决问题的唯一答案。"

据我们所知，没有一种干预措施足够有力。我们需要很多这样的人。

而且，正如我们在这本书中试图指出的那样，提高课堂效率是最有成效的干预措施之一。确保每个教室里都有更好的课程、更好的教学，然后再加上辅导和其他潜在的干预措施，这可能是有效的方法。

当然，"更好的教学和更好的课程"是一句简单的话，但在实践时会碰到重重问题。它需要一百个好的决策和执行良好的举措：更好的专业发展，更灵活的招聘决策，等等，所有这些都需要在往往难以有效招聘和落实政策的学校快速、有效地开展。

作为一个社会，我们已经在这方面努力了一段时间，但成效甚微，所以认为我们可以取得巨大进步的想法是雄心勃勃的，除非我们消除所有可能的障碍。这适用于我们在这本书中讨论的每一个解决方案，以及我们没有讨论但你可能正在思考的每一个解决方案。我们花在更好地实施教育的核心工作上的每一分钟都是有益的，我们花在分心上的每一分钟都是有害的。

这让我们想到了一位同事的故事，她是一所郊区小学的校长。她最近惊讶地发现，校车上有那么多的行为需要纠正。这不仅仅是因为在校车上，那些本可以是友善的学生往往很刻薄或伤人，并且环境糟糕，年龄较大的学生说的语言（或话题）不适合六七岁的孩子听。这个问题最终也是事关教学的。她花在纠正校车上不良行为的时间，本可以花在课程和教学上，以及花在培养年轻教师上。"我一直在想，'我没有做最重要的事情，因为我每天早上都把时间花在和校车相关的琐事上'。我永远不会容忍欺凌，所以我知道我不能无视校车的事，但我很确定我可以用更高效的方式解决它们。"

她的第一步是分配座位。她向家长们宣布了这一改变，得到的反应是……愤怒。或者更确切地说，是绝大多数家长的默许和一小部分人的强烈反对，但这就够麻烦的了。"我整个下午都花在了和他们通电话上。首先他们会说我没有权利告诉孩子在校车上坐哪儿，我越界了。其次他们想让我跟孩子们说没必要遵守我为大家制定的规则。再次是宣称他们要告诉孩子就算我制定了规则也不用遵守。其中最难对付的人（他们是律师）威胁要起诉我和学区，所以我不得不打电话给我的主管。我们和律师开了一系列会议，讨论我能和他们的父母说什么，不能说什么。"

最后，她把原本希望用来改善教学和学习的时间花在了给跟她分歧最大的父母打电话上。她没有多少时间回去做她认为对绝大多数家庭来说最重要的事情。她很快意识到，与有分歧的父母斗争可能会耗费大量时间。

综合考虑下来她怀疑自己是否有任何收获。少数人将她本应用于满足大多数人需求的时间占用了，这不是件小事。在上一代的时候，很少会有父母就校车问题这么大费周章，那些少数有意见的父母也仅仅是打电话来表达不满，但最终会同意校长的决定。"上学的一部分就是接受规则。"他们可能会这样告诉自己的孩子。如今，几乎所有的事情都会在有些人那里变成问题，再加上社交媒体回音壁一样的宣传，人们很容易就驱动着自己和小团体变得怒发冲冠。人们更加不相信学校可以做出正确的决策——这也反映了个人主义的兴起——只要他们不同意，他们不觉得自己有义务接受为集体利益好的事情。这对办学来说是个棘手的问题。

我们希望明确我们的立场，以免我们的评论被解读为对政治谱系中的一方或另一方的批评。我们并不是特指某个具体的团体或某种价值观。坦率地说，这是一个更广泛的变化。几乎所有的政治团体都会直言反对增加对学校的投入，同样持此观点的还有那些可能没有政治派系但是有自己极度在意的议题且不愿意妥协的人。当然我们自己也不是例外。如果你深入剖析我们四人的内心，就会发现我们每个人都有想要跟校长深入探讨的

（可能是不同的）问题。

换句话说，我们描述的是一个更大的社会趋势，一个我们还没有单独专门处理的问题。学校里和关于学校的反对声音现在越来越频繁，发声的人越来越多。想要快速解决问题变得越来越不太可能。这些声音分散了学校的注意力，使它们无法专注在核心工作上——阅读、科学、数学、音乐——本来教学就已经面临很多困难了。底线是这样的：花在争论上的每一分每一秒其实都是占用了本可以花在其他项目上的时间。建立一些共识是没问题的——是件好事——但是如果花太多时间就会使学校变得对大家来说都更低效了。

请不要误解我们的意思。学校是民主的机构。它们必须倾听并回应它们所服务的公民和社会。倾听的过程通常可以让它们更好，回应更及时。在一个易怒的社会中，这是一个程度的问题——很有可能社会不是暂时的易怒，随着社交媒体造成的两极分化和肆无忌惮，这种愤怒的情绪可能会一直持续。多大程度上的异议是有价值的？当异议过度泛滥以至于实现这个机构的社会职责都变得更困难的时候，我们该做些什么？

在经营一所学校的过程中，有很多困难要解决，其中一些困难的代价可能高得令人望而却步。社交媒体时代及其滋生的愤怒文化给学校带来了新的层面上的集体行动的问题，而此时它们需要思考的恰恰是阅读、科学、有序而富有成效的学习环境以及包容性的归属感文化等问题。

因此，我们认为扩大学校选择应该成为对话的一部分。

我们四人都认为，允许家长根据学校的质量来选择学校是非常重要的，虽然我们是在美国和其他国家与不同层级的学校合作——学区、特许学校、私立学校、公立学校、农村学校、城市学校和郊区学校，虽然我们的目标是无论学校的层级如何，要帮助每一位教师成功，每一位学生苗壮成长。

我们这样做是因为我们相信，每个美国家庭不仅应该进入好学校，而且应该进入伟大的学校——安全的、快乐的、教学水平显著提高的学校。

我们已经看到了让家长（和老师）根据意愿选择学校的潜在好处。我们以前没有这么清楚地看到过。当然，我们不可能在每一个问题上都有选择，但是总会有一些重大的、大家不可能全部同意的问题，或者在有些问题上，允许（适当方式的）异议的存在更能让我们专注在推进工作而不是争执辩论上。

如果每所学校都公开其核心教学原则以及学校文化和价值观的核心原则，然后由家长和老师做出选择，这是不是会在我们做较重要的决定时有所帮助呢？

学校A可能会说：我们在重视传统教学、弱化科技手段的氛围中强调感恩、体贴和文明。

学校B可能会说：我们强调学生的自主性，倾向于制定较少的规则，让学生自己决定该做出何种行为和如何使用科技。

我们会选择哪所学校不言而喻，但是其他父母可能会有不一样的选择。我们尊重这一点，这是他们为自己的孩子做出的决定。但如果不给家长提供选择，那可能更多的时间会花在谈判和利益分配而不是推进工作上，这样对每个人都不利，因为学校的整体质量会降低，因此更多的选择潜在上会带给家长、教师、学校甚至社会更广泛的益处。

首先，家长更有可能选择一所更符合他们要求的学校。我们所提倡的一些社会契约的精神变得更加清晰。在最高层就目的和方法达成一致，意味着在解决"对机构的信任"的问题上向前迈出了一大步。我们仍需要建立共识，学校不可能讨论每一个小问题，同时大家也依旧可以有异议并做出妥协，但是我们可以减少学校花在说服利益相关方上的时间。

当学校的领导层做出一个承诺时，它应当是公开的、透明的。当异议最大的家长打电话来说"你没有权利没收我孩子的手机"时，你的回答可以很简单，或者至少不要让它太复杂："我理解您的心情。但是我们一直清楚地表示我们提供的是一个去电子屏的学习环境。所以这个决定是与我们对其他家长的承诺一致的，我们必须做出这样的决定。"

如果你有相关说明的协议条款可以引用，你就能更轻松地捍卫你的决策，同时家长们也更容易就学校许下的承诺进行问责。他们可以引用这些承诺，"你说过你们重视学生的自主权，为什么现在设置这么多的规则"？如果学校依旧坚持，那可能他们会愤然离开这个学校。

对于员工来说也是如此。择校最大的好处之一是它允许——也许只是要求——教师进行选择。

想象一下，我们的同事正在努力让校车恢复秩序。让我们假设她不再需要和那些最不配合的父母争吵。他们要么选择把孩子送到一所能反映他们愿景的学校，要么明白她的决定符合学校的承诺，并接受了这一决定。最后，她终于有时间聚焦在教学和学习上了，她决定要加重写作教学的比重。

她认为，学生们每天在每节课上都应该拿起铅笔和纸，写至少一个精心打磨的句子来解释课程的核心思想。她向全体员工宣布了这一消息，但并不是每个人都喜欢这个想法。J先生认为这种全课程的写作任务是又一个一时兴起的点子。他教数学已经20年了，不喜欢"赶时髦"。在专业发展培训中，他双臂交叉，几乎不投入。他狡黠地抗拒让他在课堂上安排写作任务的要求，"哦，好的，我在用我的方式做这件事。"他知道他可以等这阵风过去就没事了。

说着，他向同事K女士眨眨眼。今年是K女士当老师的第二年，一开始她不知道该如何对待开展写作任务的要求。J先生会在教师会议后跟她解释说，他们说的大部分职业发展的事情都是在浪费时间，她不需要真的去做。突然间，连在这所学校实施这样一个简单的措施都不能保证服从性和一致性。

在这种情况下，所有人都是输家。

想象一下，如果J先生应聘的时候，学校就已经说过："有三件基础的事情是我们坚信和贯彻的，其中之一就是写作。如果你也认同的话，再接受这份工作。"在这种情况下，J先生会看到他与学校的分歧，并可以在一个可以让他做他喜欢的事情的地方教书。

最后，谁愿意花时间为一个与自己意见相左的组织工作，在会议上抱着胳膊，被动地抵制倡议？这听起来不像是教师之间建立联系和归属感的方法。马丁·塞利格曼发现，如第1章所述，明确的使命感对幸福至关重要。

所以最好一开始就让J先生知道。没错，学校可以认为这件事是J先生的责任，这样做很容易，对学校也更公平，但其实非常没有必要。如果所有的教职工都能够支持贯彻写作教学，那么教师办公室里的规范——就如同教室里的规范一样重要——就是行动和共同的目标。

如果我们不允许（或者不鼓励）教师就原则问题做出有根据的选择，那我们就有可能会形成一种双手环抱在胸前、坐等风头过去的文化。有些学校很快就意识到了，在这种条件下，它们无法真正地贯彻任何理念。它们就好像一直都在推着一块大石头走上坡路，因此很多时候它们就会在半道放弃努力。

其结果是，许多学校里都有着一系列混乱的、推行不力的理念。这样的代价之一就是我们很难从中学到任何经验。

如果两位教育家在学校是否应该强化写作的问题上意见不一致，他们可能会发动一场持续的意识形态之战。他们可以在推特上写作、争论和发帖，讨论谁对谁错。他们可以打好几年的仗。在现实中确实是这样的，双方就一千多个议题争论不休。几年过去了，我们对理念知之甚少，也不知道它们在何种条件下会有作用。

但是，如果一所学校实施写作强化教学，另一所实施非写作强化教学而是重视另一个课题，以此类推还有数百所学校都这样做，那么五年内，我们就可以清楚地知道何种理念在何种条件下是有效的，以及带来成功的原因是什么。我们会收获大量的经验。

换句话说，如果组织不做出清晰直接的选择，我们就很难落实理念、测试理念和学到经验。这会使为学习付出的努力大打折扣。

所以我们想说，就让我们进行选择吧，然后带着忠诚和意愿去推进它，看看它会教给我们什么。如果事实证明你是对的，而我们是错的，那就这样吧——这其实会更好。如果事实证明我们的做法对某些孩子和某些条件都是适用的，那也很棒。我们现在有了更多的智慧了。

所有能帮助我们在服务青少年方面做得更优秀的方法，尤其是在我们最需要它的时刻，都比争论要更好，但我们就是花了太多时间在教育的辩论上了。这对每个人来说都是浪费时间。现在，我们没有时间可以浪费了。